C.H.BECK WISSEN

in der Beck'schen Reihe

Als Papst Urban II. am 27. November 1095 beim Konzil von Clermont die christliche Ritterschaft zu einem Kriegszug in den Osten aufrief, konnte er nicht wissen, daß er damit eine Massenbewegung in Gang setzen würde, die für die kommenden zwei Jahrhunderte prägenden Einfluß auf die Geschichte Europas und des Vorderen Orients ausüben sollte. Bis in die heutige Zeit hinein belastet die damals aufgerissene Kluft zwischen Orient und Okzident, zwischen Islam und Christentum das wechselseitige Verhältnis. Der vorliegende Band bietet eine anregende Einführung in Vorgeschichte, Hintergründe, Ablauf und Auswirkungen einer der interessantesten und wirkungsmächtigsten Epochen der mittelalterlichen Geschichte Europas und des Nahen und Mittleren Ostens.

Peter Thorau lehrt Mittelalterliche Geschichte an der Universität des Saarlandes. Zur Begegnung und Konfrontation von Islam und Christentum vom Zeitalter der Kreuzzüge bis zum Spätmittelalter sowie zur Geschichte des Vorderen Orients bis zum Ersten Weltkrieg hat er unter Heranziehung sowohl christlicher wie muslimischer Quellen zahlreiche Publikationen vorgelegt.

Peter Thorau

DIE KREUZZÜGE

Verlag C. H. Beck

Mit 7 Abbildungen und 3 Karten

1. Auflage. 2004
2., durchgesehende Auflage. 2005

3., durchgesehene und aktualisierte Auflage. 2007

Originalausgabe

Satz: Fotosatz Reinhard Amann, Aichstetten
Druck und Bindung: Druckerei C. H. Beck, Nördlingen
Umschlagabbildung: Ausschnitt aus einer englischen Handschrift, 1. Viertel des 14. Jh., British Library, London, Ms. Royal 19 B XV, fol. 37.
Umschlagentwurf: Uwe Göbel, München
Printed in Germany
ISBN 978 3 406 50838 7

www.beck.de

Heinz Halm gewidmet

Inhalt

Prolog 9

I. Die islamische Welt bis zum Vorabend der Kreuzzüge 11

II. Von Piacenza nach Clermont: Der Aufruf zum Kreuzzug 24

III. Die Situation im Abendland 28

IV. Der Erste Kreuzzug 41

1. Präludium 41
2. Der Volkskreuzzug 45
3. Der Kreuzzug der Ritter 49

V. Zwischen politischem Pragmatismus und Heiligem Krieg: Die Geschichte der Kreuzfahrerstaaten 1099–1291 73

1. Die Kreuzfahrer und ihre muslimischen Nachbarn 73
2. Der Anfang vom Ende: Von Zangī bis Saladin 87
3. Fränkisch-ayyubidisches Intermezzo: Der verzögerte Niedergang 97
4. Das Ende von Outremer: Vom Aufstieg der Mamluken bis zum Fall Akkons 1291 105

Epilog 111

Hinweise zur Aussprache des Arabischen und Türkischen 114

Quellen in Auswahl 115

Weiterführende Literatur 117
Zeittafel 121
Abbildungsnachweis 123
Personenregister 124
Ortsregister 126

Laßt erklingen, laßt uns singen
Siegeslieder um und um,
froher Weisen laßt uns preisen
unsres Königs Heldenruhm,
der da heute neu befreite
Davids Stadt vom Heidentum!
(Übers. von Carl Fischer, 1976)

Exultemus et cantemus
canticum victorię,
et clamemus quas debemus
laudes regi glorię,
qui salvavit urbem David
a paganis hodie!
(Carmen Buranum 52, Str. 2)

Prolog

«Am Freitag aber griffen wir in aller Frühe die Stadt von allen Seiten an, aber wir konnten ihr keinen Schaden zufügen, und wir waren alle darüber erstaunt und in großer Furcht. Als aber die Stunde kam, da unser Herr Jesus Christus es nicht verschmähte, für uns am Holz des Kreuzes zu leiden, kämpften unsere Ritter, nämlich Herzog Gottfried und sein Bruder, Graf Eustachius, mit vermehrter Kraft auf dem Belagerungsturm. Dann gelang es einem unserer Ritter namens Lethold, auf die Mauer der Stadt zu steigen. Alsbald flohen alle Verteidiger der Stadt über die Mauern und durch die Stadt, und die Unseren setzten ihnen sofort nach, sie tötend und verstümmelnd, bis zum Tempel Salomos; dort fand ein so großes Morden statt, daß die Unseren mit ihren Füßen bis zu den Knöcheln in deren Blut wateten.

Graf Raimund indes hatte sein Heer und den Belagerungsturm aus dem Süden bis nahe an die Mauer herangeführt; aber zwischen dem Turm und der Mauer war ein sehr tiefer Graben. Da beratschlagten die Unseren, wie sie den Graben auffüllen sollten, und sie ließen bekanntmachen, daß jeder, der drei Steine in diesen Graben trüge, einen Denar erhalten sollte. Das Auffüllen dauerte drei Tage und Nächte. Danach schoben sie den Turm endlich dicht an die Mauer heran. Diejenigen aber, die in der Stadt waren, bekämpften die Unseren bewundernswert mit Feuer und Steinen. Als aber der Graf hörte, daß die Franken schon in der Stadt seien, sagte er zu seinen Leuten: ‹Was zaudert ihr? Seht, alle Franken sind schon in der Stadt!›

Deshalb lieferte sich der Emir, der im Turm Davids saß, dem Grafen aus und öffnete ihm das Tor, an dem die Pilger ihren Zoll zu zahlen pflegten. Als aber unsere Pilger die Stadt betraten, verfolgten und töteten sie die Sarazenen bis zum Tempel Salomos, wo diese sich versammelten und den Unseren den ganzen Tag über einen sehr großen Kampf lieferten, so daß ihr Blut durch den ganzen Tempel floß. Als sie die Heiden endlich überwunden hatten, ergriffen die Unseren genug Männer und Frauen im Tempel und töteten und ließen am Leben, wie es ihnen beliebte. Auf dem Dach des Tempels Salomos hatte sich eine große Anzahl von Heiden beiderlei Geschlechts versammelt, denen Tankred und Gaston de Beert ihre Banner gaben. Alsbald liefen sie durch die ganze Stadt und brachten Gold und Silber, Pferde und Maultiere und ganze Häuser mit allen Gütern an sich. Danach aber kamen alle Unsrigen jubelnd und vor übergroßer Freude weinend zum Grab unseres Erlösers Jesus, um zu beten, und kamen so ihm gegenüber ihrer eigentlichen [Pilger-]Pflicht nach. Am Morgen danach stiegen die Unseren vorsichtig auf das Dach des Tempels, überfielen die Sarazenen, Männer und Frauen, und enthaupteten sie mit blanken Schwertern; andere aber stürzten sich vom Tempel. Als Tankred das sah, wurde er sehr zornig.

Dann faßten die Unseren den Beschluß, daß jedermann Almosen geben und beten solle, daß sich Gott denjenigen erwähle, der die anderen regieren und die Stadt beherrschen solle. Ferner befahlen sie, alle toten Sarazenen wegen des großen Gestanks hinauszuwerfen, da die ganze Stadt angefüllt war mit ihren Leichen; und die lebenden Sarazenen schleiften die toten vor die Tore und errichteten Berge aus ihnen, die hoch waren wie Häuser. Ein solches Töten unter dem Volk der Heiden hat noch niemand bislang gehört oder gesehen, denn aus ihren Leichen wurden Scheiterhaufen errichtet wie Heuschober, und niemand weiß ihre Zahl außer Gott allein.»

(Die Eroberung Jerusalems am 15. Juli 1099 nach dem Bericht eines Augenzeugen; Anonymi Gesta Francorum c. 38,4–c. 39,1.)

I. Die islamische Welt bis zum Vorabend der Kreuzzüge

Die fremden Eroberer aus dem Abendland waren, anfänglich noch mit militärischer und logistischer Unterstützung der Byzantiner, siegreich durch Anatolien gezogen. Dann waren sie an der Küste Palästinas entlang respektive durchs Hinterland nach Jerusalem vorgedrungen, das sie nach fast sechswöchiger Belagerung am 15. Juli 1099 in einem unvorstellbaren Blutbad eroberten. Der Raum aber, den sich die christlichen Europäer auf ihrem Feldzug unterwarfen, wurde seit über vier Jahrhunderten von der arabisch-islamischen Kultur und Religion geprägt.

Die arabische Expansion und die mit ihr im Zusammenhang stehende Ausbreitung des Islam im 8. und 9. Jahrhundert stellt eines der bedeutenden Phänomene der Menschheitsgeschichte dar. Binnen weniger Jahrzehnte überrannten arabische Heere den Vorderen Orient, Nordafrika, Spanien und Sizilien sowie weite Teile Mittelasiens. Diese Eroberungen veränderten nicht nur die politische Landkarte der damaligen Welt von Grund auf, sondern wirken vor allem wegen des damit einhergehenden kulturellen Transformationsprozesses bis in die Gegenwart hinein bestimmend fort.

Die bedeutsamsten Gegner der Araber waren zunächst das einst so mächtige, das Zweistromland und Iran beherrschende Reich der Sasaniden sowie das Oströmische bzw. Byzantinische Kaiserreich. In den Schlachten von Qādisīya (636) und Nihawend (641) brach ersteres unter den wuchtigen Schlägen der Araber zusammen. Anders Byzanz: Trotz dreimaliger Belagerung seiner Hauptstadt Konstantinopel (674–678, 717 und 782) durch arabische Flotten und Heere widerstand Ostrom letztlich dem Ansturm. Es hatte jedoch nicht verhindern können, daß es bereits in den dreißiger und frühen vierziger Jahren des 7. Jahrhunderts seine östlichen Provinzen Syrien und Palästina sowie die seit altersher wichtige Kornkammer Ägypten verlor.

Seit längerem schon an halbautonome arabische Lokalfürsten in den Grenzstrichen zum Sasanidenreich ebenso gewöhnt wie an gelegentliche Raubzüge der Beduinen, hatten die Byzantiner die sich zusammenbrauende Gefahr wohl zunächst unterschätzt und zu spät größere und schlagkräftigere Heere in den Osten geschickt. Im Juli 634 erlitten sie bei Aǧnādain eine blutige Niederlage; im September 635 kapitulierte das von seiner byzantinischen Garnison verlassene Damaskus. Die von Kaiser Herakleios daraufhin in Marsch gesetzte Armee konnte das Blatt nicht mehr wenden: Im August 636 wurde sie am Yarmūq vernichtend geschlagen. Bis Ende 636 wurden Ḥamāh, Ḥimṣ und Aleppo eingenommen; 637 wurde Antiochia kampflos übergeben. Jerusalem kapitulierte 638; 640 fiel das bis dahin von See her unterstützte Cäsaräa in arabische Hand.

Die rasche und unwiderrufliche Eroberung Syriens und Palästinas – und für Ägypten, das 639–642 an die Araber fiel, gilt das gleiche – ist jedoch nicht allein mit militärischen Kategorien wie der größeren Beweglichkeit und der hohen Kampfmoral der Araber und der Schwerfälligkeit und dem Desinteresse der byzantinischen Söldnerarmee zu erklären. Eine ebenso wichtige Rolle dürfte dabei auf der einen Seite die fiskalische und wirtschaftliche Bedrückung der Provinzialbevölkerung durch die kaiserliche Bürokratie gespielt haben, auf der anderen aber auch die dogmatischen Gegensätze zwischen der byzantinischen Kirche und den Monophysiten und anderen christlichen Sekten im Orient. Die daher mancherorts sogar als Befreier begrüßten Araber verlangten lediglich politische Unterwerfung von der dem byzantinischen Staat längst entfremdeten syrischen und ägyptischen Bevölkerung. Was sie vor allem nicht forderten, war deren Konversion zu ihrem Glauben, dem Islam, der vermutlich zudem zunächst als gar nicht sonderlich fremd empfunden worden sein dürfte, ja vielleicht sogar – wenn auch nach arabischer Tradition vom Propheten Mohammed verkündet – lediglich als eine weitere Spielart der verschiedenen christlichen Glaubensrichtungen angesehen wurde.

Statt dessen garantierten die Eroberer Christen und Juden als Schutzgenossen (arab. *ḏimmī*) gegen die Zahlung einer vertraglich vereinbarten Kopfsteuer (arab. *ǧizya*) die volle Religionsfreiheit. Selbst ohne größere administrative Kenntnisse, behielten die neuen Herren des Landes zunächst die alten byzantinischen Verwaltungsstrukturen mit Griechisch als Amtssprache bei und beschränkten sich darauf, als militärische und religiöse Oberschicht das Land zu kontrollieren und die – unter dem einstigen byzantinischen Niveau liegenden – Abgaben einzuziehen. An der Spitze des stetig expandierenden, auf Eroberungen gegründeten Reichs stand als politisches und religiöses Oberhaupt der islamischen Gemeinde (*umma*) der Kalif, der sich als Stellvertreter Gottes (*ḫalīfat Allāh*) betrachtete und sich bald zusätzlich den Titel «Fürst der Gläubigen» (*amīr al-muʾminīn*) beilegte.

Eine wichtige Zäsur in der frühen islamischen Geschichte stellt die Regierung des fünften Kalifen Muʿāwiya (661–680) dar. Seit 639 Gouverneur Syriens, hatte er nach der Ermordung des mit ihm verwandten Kalifen ʿUṯmān 656 dessen Nachfolger ʿAlī, dem Vetter und Schwiegersohn des Propheten Mohammed, die Gefolgschaft verweigert. Gestützt auf seine syrische Provinz, hatte sich Muʿāwiya im deswegen ausbrechenden Bürgerkrieg behaupten können. Die Ermordung ʿAlīs im Jahre 661 hatte Muʿāwiya zwar die allgemeine Anerkennung verschafft, führte aber letztlich doch zur Aufspaltung der islamischen Gemeinde in die Glaubensrichtungen der Sunniten und Schiiten. Während die Schiiten (abgeleitet von *šīʿat ʿAlī* = «Partei Alis») nur einen direkten Blutsverwandten Mohammeds oder ʿAlīs als Kalif anerkennen wollten, akzeptierten die Sunniten den Usurpator Muʿāwiya und dessen Nachfolger als Oberhaupt, weil nach ihrer Auffassung die Bestätigung durch die Gemeinschaft den Herrscher ausreichend legitimierte. Der Name Sunniten leitet sich ab von arab. *sunna* (= Regel, Brauch) und nimmt Bezug auf das normsetzende Beispiel Mohammeds, das neben dem Koran als Richtschnur für die Gläubigen galt und gilt.

Als Kalif und Begründer der Dynastie der Omayyaden (bis 750) erhob Muʿāwiya Damaskus zu seiner Residenz. Ehedem

Randprovinz, wurde Syrien dadurch zum Kernland des arabischen Großreiches, Damaskus zum Mittelpunkt der islamischen Welt. Als geschickter Organisator reformierte Muʿāwiya die Verwaltung Syriens und der Provinzen und baute nicht nur eine schlagkräftige Armee auf, sondern auch eine Flotte, die für geraume Zeit die arabische Seeherrschaft begründete. Unter Muʿāwiya und seinen Nachfolgern, die sich als kunstbeflissene Bauherren hervortaten – so wurden etwa der Felsendom und die al-Aqṣā-Moschee in Jerusalem errichtet, die große Omayyadenmoschee in Damaskus sowie die nicht weniger beeindruckenden Wüstenschlösser –, schritten Islamisierung und Arabisierung der verschiedenen einheimischen Bevölkerungsgruppen des Reiches und ihre allmähliche Verschmelzung mit den Eroberern vor allem in Syrien, Ägypten und dem heutigen Irak voran. In der Verwaltung konnten zunehmend Christen aus wichtigen Ämtern entfernt und durch die inzwischen geschulten Muslime ersetzt werden; als Kanzleisprache wurde nun Arabisch statt des bisher üblichen Griechisch bzw. Pahlavi im Osten eingeführt.

Während des Kalifats der Omayyaden blieben zwar die arabischen Stämme die Basis der muslimischen Armee, aufgrund der weit auseinandergezogenen Fronten wurden jetzt aber auch Angehörige fremder, teilweise noch nicht islamisierter Völkerschaften als Hilfstruppen herangezogen. Unter byzantinischem und persischem Einfluß wurde eine in fünf Treffen – nämlich rechter und linker Flügel, Zentrum, Vorhut und Nachhut – gestaffelte Schlachtordnung (arab. *ḫāmis*) übernommen, desgleichen Belagerungsgeräte wie schwere Katapulte (arab. *manǧanīq*, von griech. *manganikón*), Balliste (*ʿarrāda*), Rammböcke (*dabbāba*) und Belagerungstürme (*burǧ*). Die wichtigsten Waffen waren der Wurfspeer (*rumḥ*) und das Schwert (*saif*), das mit seiner langen geraden, ein- oder zweischneidigen Klinge mit fast abgerundeter Spitze nur als Hiebwaffe geeignet war. Der in den Augen der Europäer als charakteristische muslimische Waffe geltende Säbel tauchte hingegen erst im 13. Jahrhundert im Vorderen Orient auf und fand erst ab dem 14./15. Jahrhundert breitere Verwendung. Zum Schutz

Abb. 1: Darstellung kämpfender Muslime aus einem mamlukischen Kriegshandbuch

wurden gesteppte Panzer getragen, die aus Leder oder Filz hergestellt waren, bisweilen auch einfache Kettenhemden oder Plattenpanzer. Hinzu kam ein runder Schild aus Leder oder Holz. An die Stelle der ausschließlichen Entlohnung durch Beute trat ein durch das Heeresamt (*dīwān al-ǧaiš*) ausgezahlter Sold.

Mit dem Machtantritt der Dynastie der Abbasiden (750–1258) verschob sich der Schwerpunkt des Reiches in den Irak, und das 762 gegründete Bagdad wurde als neue Hauptstadt des arabischen Großreiches zu einer der größten und glänzendsten Metropolen der damaligen Welt und zum strahlenden Mittelpunkt des islamischen Geisteslebens.

Spätestens jetzt machte sich bezahlt, daß die arabischen Eroberer nicht aus der Wüste hervorgebrochen waren und als Angst und Schrecken verbreitende Barbaren – wie etwa Germanen, Normannen und Hunnen im Westen – die hochentwickelte materielle und geistige Kultur der Antike in Schutt und Asche gelegt hatten. Weder hatten sie die einheimische Bevölkerung in den von ihnen unterworfenen Gebieten angetastet, noch die alte, vom späten Hellenismus geprägte vorderorientalische

Stadtkultur zerstört, der sie statt dessen neue Impulse gaben, die sie pflegten und fortentwickelten. Dieses Verhalten, gepaart mit religiöser Toleranz, führte zu einer allgemeinen Akzeptanz durch die alten Eliten, die vielfach bereitwillig den Islam annahmen und sich arabisierten. Anders als im Westen entstand so im Vorderen Orient eine auf breitem Fundament stehende urbane Laienkultur, die das geistige und materielle Leben nachhaltig prägte.

Das geistige Erbe der griechisch-römischen Antike wurde durch Übersetzungen ins Arabische den Zeitgenossen ebenso zugänglich gemacht – und so vielfach der Nachwelt bewahrt – wie indo-persisches Gedanken- und Wissensgut. Noch frei von gesellschaftlicher wie doktrinär-religiöser Bevormundung wurde das bis heute gültige Gedankengebäude der arabisch-islamischen Theologie, Philosophie und Rechtswissenschaft gegründet. Geistes- und Naturwissenschaften – wie etwa Geschichte, Geographie und Mathematik oder Astronomie, Chemie und Medizin – wurden intensiv und durchaus spekulativ und experimentell betrieben und erzielten beachtliche Ergebnisse. Aufgrund eines vorzüglichen Kommunikationssystems blieben die jeweils gewonnenen Erkenntnisse nicht regional begrenzt, sondern verbreiteten sich über die gesamte islamische Ökumene. Verbunden durch ein erstklassiges Wege- und Verkehrsnetz zu Wasser und zu Lande, stellte die islamische Welt solcherart einen riesigen geschlossenen Kulturraum dar.

Allenthalben blühten die schönen Künste, sei es in Literatur, Dichtung oder Architektur. Prachtvolle Moscheen, Garten- und Palastanlagen wurden erbaut. Der allgemeinen Wohlfahrt und Bildung diente die Schaffung von Schulen, Hochschulen und umfangreichen Bibliotheken sowie von öffentlichen Bädern und Lehrhospitälern in den Städten. Wirtschaft und Handel blühten überregional; Banken und Kreditwesen förderten diese Entwicklung und ermöglichten unter anderem einen bargeldlosen Warenverkehr über große Entfernungen hinweg. Von höchster Qualität waren beispielsweise Textilien, Glas und Keramiken sowie die Erzeugnisse des metallverarbeitenden Gewerbes. In der Landwirtschaft wurden trotz der auch im Orient damals noch einfachen Arbeitsgeräte der Bauern aufgrund jahrhundertealter Erfahrungen und Kenntnisse künstlicher Bewässerungssysteme sogar Überschüsse erzielt, die, wie etwa das Zuckerrohr, exportiert werden konnten.

An der unbestreitbaren wissenschaftlichen und kulturellen Überlegenheit der islamischen Welt im Mittelalter änderten auch der allmähliche Machtverfall des abbasidischen Kalifats und die Etablierung regionaler Machtzentren und Dynastien nichts. Diese Tendenzen kamen eher der kulturellen und sozioökonomischen Entwicklung der Ökumene als Ganzes durch das Entstehen weiterer bzw. neuer großer Metropolen wie Córdoba, Kairo und anderer mehr zugute. Unbestreitbar aber ist, daß sich das politische Machtgefüge innerhalb der islamischen Welt durch eine vor allem im 9. Jahrhundert zunehmende Dezentralisierung veränderte. Die Iberische Halbinsel hatte sich bereits 756 unter einem omayyadischen Emirat (später Kalifat) selbständig gemacht, ebenso Ägypten nach dem Zwischenspiel der von Bagdad bereits mehr oder weniger unabhängig agierenden Gouverneure aus den Familien der Ṭūlūniden (868–905) und Iḫšīdiden (939–969) und vollends mit der Etablierung des schiitischen Konkurrenz-Kalifats der Fatimiden (969–1171). Auch in Syrien, Iran und Mittelasien entstanden de facto unabhängige Dynastien. Sie alle – mit Ausnahme Spaniens und des schiitischen Ägyptens – bedurften des sunnitischen Kalifen in Bagdad lediglich noch als des notwendigen Legitimationsspenders.

Schon in der Frühzeit der Abbasiden hatte das Heerwesen durch den Kalifen al-Muʿtaṣim (833–842) eine bedeutsame Neuerung erfahren, die sich zugleich für die Geschichte des gesamten Vorderen Orients als folgenschwer erwies: Als die Abbasiden das Omayyadenkalifat hinwegfegten, hatten sie sich vorwiegend auf Söldner aus Ḫorāsān gestützt, die für etwa einhundert Jahre als Elitetruppe auch die Leibwache des Kalifen bildeten. An die Stelle des immer mehr zurückgedrängten freien und häufig undisziplinierten arabischen Stammeskriegertums waren damit fremde Berufskrieger getreten, die ob ihrer bisweilen an den Tag gelegten Anmaßung und Unbotmäßigkeit auch zur Gefahr werden konnten. Al-Muʿtaṣim beschloß deshalb, seine Macht hinfort auf eine Garde aus ihm völlig ergebenen und abhängigen Sklaven (*ġulām*) zu stützen. Am geeignetsten dazu erschienen die kriegstüchtigen türkischen Nomaden der südrussischen Steppen und Zentralasiens, die sich durch ihre Ausdauer, Tapferkeit und Disziplin sowie ihre Fähigkeiten als berittene Bogenschützen empfahlen. Die meist noch im formbaren Knabenalter gekauften Kriegssklaven, die sogenannten Mamluken (arab. *mamlūk* = zu eigen, im Besitz befindlich), wurden zu Muslimen gemacht und erhielten eine gründliche militärische Ausbildung; sie sind in keiner Weise mit sozial rechtlosen Sklaven zu vergleichen. Al-Muʿtaṣims Beispiel machte alsbald Schule: Von der Mitte des 9. Jahrhunderts an wurden türkische Militärsklaven zu einem immer wichtigeren Bestandteil islamischer Armeen und erlangten als eine Art «Prätorianergarde» häufig auch politische Bedeutung. Sie bildeten aber noch nicht das allein ausschlaggebende militärische Element, zumal neben ihnen noch freie Truppenverbände existierten und namentlich die Dailamiten aus der persischen Bergregion am Kaspischen Meer den Abbasiden eine vorzügliche Infanterie stellten.

Insgesamt wurde zur Zeit der Abbasiden das Kriegswesen im Orient gründlich weiterentwickelt. Waffen, Helme und Rüstungen wurden schwerer, die Lanze wie im Abendland als Kavalleriewaffe eingesetzt und – wie bereits erwähnt – der berittene türkische Bogenschütze zu einem festen und effizienten Bestandteil der Armee. Hinzu kamen die Verwendung von Griechischem Feuer (arab. *nafṭ*) – eine gefürchtete, von den Byzantinern übernommene «Wunderwaffe» auf der Basis hochbrennbarer Stoffe wie Pech, Schwefel und Öl – und eine Weiterentwicklung technischer Kriegsgeräte. Beibehalten blieb jedoch als wichtiges taktisches Element die von alters her beliebte Kriegslist der Scheinflucht (*karr wa farr*). Sie wurde vor allem gegenüber schwerbewaffneten und gepanzerten Gegnern wie den Byzantinern – und später den Kreuzfahrern – angewandt; sie zielte darauf ab, deren Reihen in planloser Verfolgung aufzulösen und damit verwundbar zu machen.

Militärische Neuerungen taten auch insofern not, als inzwischen das Byzantinische Reich wieder als gefährlicher Gegner auf den Plan getreten war. Nach den ersten großen Vorstößen der Muslime unter erheblichen Gebietsverlusten in die Defensive geraten, hatten die arabischen Bürgerkriege dem Kaiserreich zunächst eine Atempause verschafft. Als weitere Entlastung kamen dann später der schleichende Machtverfall der Abbasiden und die unter ihnen einsetzende Dezentralisierung des islamischen Großreiches hinzu. Nach einer Phase der inneren Konsolidierung und der militärischen Erfolge auf dem Balkan konnte Byzanz denn auch in der zweiten Hälfte des 10. Jahrhunderts an seiner östlichen Flanke wieder die Initiative ergreifen. Unter Kaiser Konstantin VII. Porphyrogennetos (945–959) wurden den Muslimen bereits wichtige Städte im östlichen Anatolien und nördlichen Mesopotamien wie Melitene (heute Malatya), Nisibis (heute Nusaybin) und Edessa (heute Urfa) entrissen. 961 vertrieb der byzantinische General und spätere Kaiser Nikephoros II. Phokas (963–969) die Araber sogar von Kreta. An die Macht gelangt, eroberte er Zypern zurück, 969 die große syrische Metropole Antiochia (heute Antakya) und wenig später Aleppo. Sein Mörder und Nachfolger Johannes Tzimiskes (969–976) stieß noch weiter nach Syrien vor und gewann vorübergehend sogar Ḥimṣ und Damaskus zurück.

Wenn auch die meisten dieser Eroberungen nicht von langer Dauer waren, hatten sie doch der islamischen Welt eindrucksvoll vor Augen geführt, daß das Byzantinische Kaiserreich nach wie vor der große und ernstzunehmende christliche Gegner im Osten war, gegen den man seit drei Jahrhunderten mit wechselndem Erfolg focht. Da es in diesen Kämpfen vor allem um territoriale Gewinne ging und ihnen weitgehend ein religiös-ideologischer Hintergrund fehlte, überschritten sie gleichwohl nicht die üblichen kriegsbedingten Grausamkeiten. Die Züge einer brutalen und blutigen, auf die Religion abgehobenen Konfrontation zwischen Islam und Christentum waren ihnen ebenso fremd wie die späterhin von den religiös fanatisierten Kreuzfahrern an den Tag gelegte Bestialität mit den entsprechenden Greueltaten im Gefolge. So hören wir denn auch nirgends im islamischen Machtbereich von nennenswerten Ausschreitungen gegen Christen als Folge der byzantinischen Offensive. Der Be-

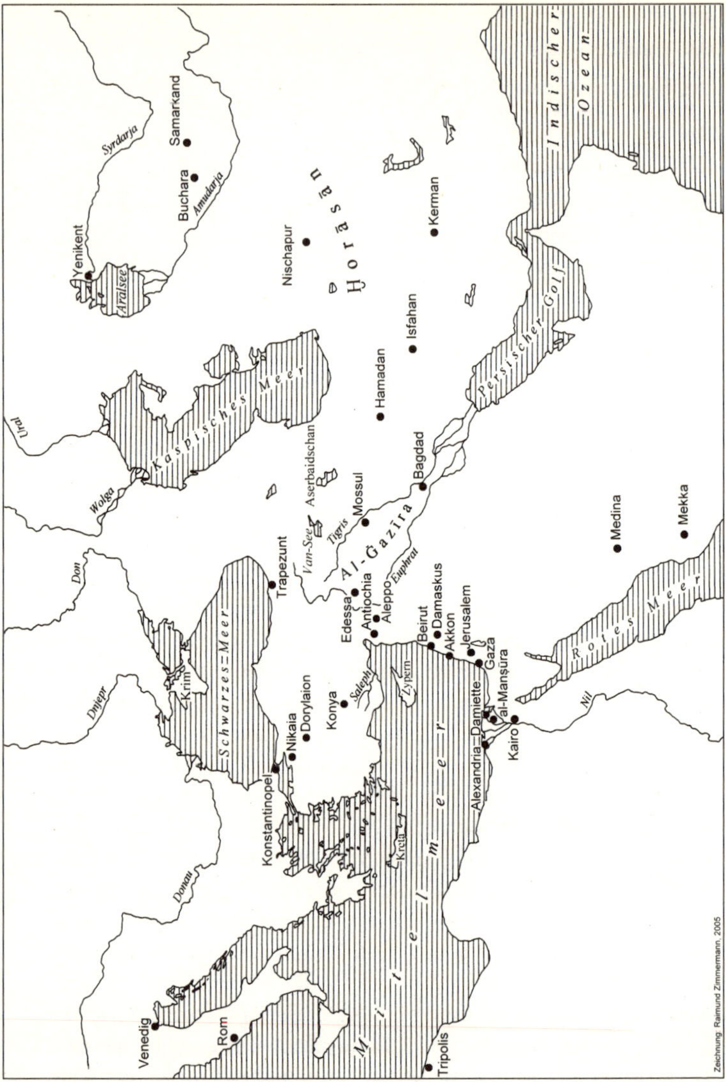

Naher und Mittlerer Osten im Mittelalter

fehl zur Zerstörung der Grabeskirche in Jerusalem (1009) und die zeitgleiche Christenverfolgung durch den geistesgestörten fatimidischen Kalifen al-Ḥākim (996–1021) waren so auch eher das Werk eines Einzeltäters denn Ausfluß eines allgemeinen antichristlichen Ressentiments.

Die byzantinische Offensive des 10. und 11. Jahrhunderts stellte indes für die Geschichte des Vorderen Orients nicht mehr dar als eine Episode in dem nunmehr seit drei Jahrhunderten ausgetragenen Kampf zwischen dem Kaiserreich und seinen arabischen respektive islamischen Nachbarn. Bedeutsamer war dagegen die oben bereits angedeutete schleichende Turkifizierung der islamischen Armeen. Indes, auch sie war nur der Vorbote eines Prozesses, der in seinem Ergebnis der islamischen Welt nachhaltig seinen Stempel aufprägen sollte und der von ebenso weltgeschichtlicher Bedeutung war wie die arabische Expansion des 7. und 8. Jahrhunderts, nämlich des Vordringens der türkischen Stämme nach Westen.

Die Herkunft und Bedeutung des Wortes *türk* ist in der Forschung nicht unumstritten. Fest steht jedoch, daß es nomadisierende Steppenvölker der Karaḫaniden und Oğuzen an der Wende vom 10. zum 11. Jahrhundert als Stammes- bzw. Volksname zur Eigenbezeichnung verwandten. Das der westtürkischen Sprachgruppe angehörende Volk der Oğuzen siedelte im 10. Jahrhundert vor allem in der Kasachensteppe nördlich des Aralsees, wo bei der Stadt Yenikent ihre Winterweiden lagen.

Um ca. 970 trat ein Oğuzenhäuptling aus dem Stamm der Kınık namens Selçük mit seiner Familie zum sunnitischen Islam über, der bereits seit einiger Zeit in Transoxanien Fuß gefaßt hatte. Nachdem die hochkultivierte iranische Dynastie der Samaniden 999 den Karaḫaniden erlegen war, entstand in Transoxanien ein Machtvakuum. Dieses erlaubte den Abkömmlingen des Selçük, den Seldschuken, in den nächsten Jahrzehnten an der Spitze ihrer Reiternomaden, die in den arabischen Quellen jetzt als Turkmenen (*turkmān*) begegnen, bis tief nach Ḫorāsān vorzustoßen. 1040 gelang es den Seldschuken, die zentralasiatische Großmacht der Ġasnawiden vernichtend zu schlagen. Toğrul Beg Mohammad (bis 1063), ein Neffe des Selçük, führte seine Krieger nun weiter nach Westen, wo die Städte Nischapur, Hamadan und Isfahan sowie das umliegende Land erobert wurden, ja selbst in Aserbaidschan und Armenien tauchten turkmenische Streifscharen auf. Damit hatte Toğrul Beg das Machtgefüge der westiranischen Būyiden schwer erschüttert, die seit 94 auch den Irak kontrollierten und über den abbasidischen Kalifen in Bagdad eine Art Schutzherrschaft ausübten. Der Bevormundung durch die, zumal dem schiitischen Islam nahestehenden, Būyiden überdrüssig, erkannte der Kalif al-Qā'im (1031–1075) die Zeichen der Zeit und rief Toğrul Beg zu Hilfe. 1055 zogen die Seldschuken ohne Blutvergießen in Bagdad ein und vertrieben die Būyiden. Als Dank erkannte der Kalif, der letztlich eine Bevormundung mit einer anderen vertauscht hatte, den siegreichen Toğrul Beg als weltlichen Herrscher an und verlieh ihm den Titel eines Sultans. Zumindest theoretisch blieb dadurch die Oberhoheit des Kalifen über die Mehrzahl der Muslime gewahrt.

So wenig wie einst die Araber waren die Türken als Kulturzerstörer in den Nahen Osten vorgedrungen. Als durchaus kunstbeflissener Bauherr investierte Toğrul Beg beträchtliche Mittel zur Ausschmückung Isfahans, das er zur Hauptstadt des von ihm gegründeten großseldschukischen Reiches erhob. Toğruls Nachfolger, die Sultane Alp Arslān (1063–1072) und Malikšāh (1072–1092), konsolidierten das Reich, das unter letzterem von den Grenzen Chinas über den Iran und Irak bis nach Syrien – wo man den Byzantinern die erst vor wenigen Jahrzehnten eroberten Gebiete wieder abgejagt hatte – reichte. Malikšāh und sein genialer Wesir Niẓām al-Mulk waren es auch, die überall im Reich die Wissenschaften und die schönen Künste pflegten und förderten und der alten Metropole Bagdad viel von ihrem einstigen Glanz zurückgaben.

Sultan Alp Arslān führte unter anderem auch eine Reihe von Feldzügen gegen die christlichen Königreiche von Georgien und Armenien und vor allem gegen Byzanz. Alle drei Reiche waren seit den vierziger Jahren des 11. Jahrhunderts immer wieder das Ziel beute- und landsuchender Turkmenenverbände geworden, hatten aber stets größere Überfälle abzuwehren vermocht. 1068 eröffnete Alp Arslān indes eine großangelegte Offensive gegen das Byzantinische Reich. Ob der Sultan damit aber eine planmäßige Eroberung und Islamisierung Anatoliens in die Wege leiten wollte, wie dies teilweise von türkischen Historikern vermutet wird, erscheint fraglich. Im August 1071 schlug Alp Arslān zumindest unweit der byzantinischen Grenzfestung Manzikert (heute Malazgirt) nördlich des Van-Sees Kaiser Romanos IV. Diogenes entscheidend.

Die Schlacht von Manzikert stürzte zwar Byzanz in eine schwere innenpolitische und finanzielle Krise und schwächte es dadurch nachhaltig, sie stellte aber wohl nicht – wie häufig angenommen – eine militärische Katastrophe mit irreversiblen Folgen für das Reich dar. Insofern ist auch fraglich, ob sie tatsächlich den militärischen Widerstand zwangsläufigerweise zusammenbrechen ließ und damit der systematischen türkischen Landnahme Anatoliens Tür und Tor öffnete (wie dies Ekkehard Eickhoff und andere meinen) oder aber ob nicht auch ohne sie eine solche durch ein allmähliches Einsickern der Turkmenen in ein relativ schwach besiedeltes Gebiet erfolgt wäre. Nicht von der Hand zu weisen ist allerdings, daß aufgrund der militärischen Versäumnisse der Regierung in Konstantinopel diese Landnahme schneller erfolgte und daß es somit alsbald zur Errichtung der Herrschaft der sogenannten Rumseldschuken (*rūm* = arabisch-türkische Bezeichnung für Anatolien – die Romania als Gebiet der Oströmer respektive Byzantiner) mit Residenz in Nikaia und später in Konya kommen konnte.

Obwohl das byzantinische Heer bei Manzikert nur geschlagen, aber nicht vernichtet worden war, raffte man sich in Konstantinopel nicht zu energischer Gegenwehr auf. Statt sich auf das Risiko eines neuen Waffenganges einzulassen, verharrte man in Untätigkeit; tatenlos sah man dem Vordringen der Turkmenen zu und überließ die östlichen Provinzen ihrem Schicksal. Mit der Preisgabe seiner anatolischen Kernlande verlor Byzanz aber nicht nur einen großen Teil seiner steuerpflichtigen Landbevölkerung – was eine Finanzkrise zur Folge hatte –, sondern auch ein wichtiges Rekrutierungsreservoir für seine Armee. Kaiser Alexios I. Komnenos (1081–1118) gelang es im großen und ganzen recht erfolgreich, der allgemeinen Staatskrise, auch der wirtschaftlichen, Herr zu werden. Was aber blieb, war der empfindliche Mangel an professionellen Soldaten, derer er aber zur Verteidigung des Reiches und für eine auch militärisch aktive Außenpolitik dringend bedurfte. Auf der Suche nach kampferprobten Söldnern richtete er sein Augenmerk auch auf den lateinischen Westen mit seinem Überschuß an hochqualifizierten ritterlichen Kämpfern. Dies war an sich nichts Besonderes, da es in Byzanz Tradition hatte, sich der Kriegsdienste von Angehörigen fremder Völkerschaften zu bedienen, auch solcher aus dem Westen. Unüblich war allenfalls, daß sich der Basileus – so der Titel des byzantinischen Kaisers – mit seiner Bitte um Militärhilfe respektive die Erlaubnis, geeignete Krieger anwerben zu dürfen, an den Papst wandte, der selbst über solche gar nicht verfügte. Vielleicht stand hinter des Kaisers Ansinnen dabei die Überlegung, daß «der Papst ein besonders effektiver ‹Kommunikator› sein könnte [...], der für die bestmögliche Verbreitung der byzantinischen Wünsche im Abendland sorgen könnte» (so Ralph-Johannes Lilie).

II. Von Piacenza nach Clermont: Der Aufruf zum Kreuzzug

Um ihrem Ersuchen größeren Nachdruck zu verleihen, hoben denn wohl auch die kaiserlichen Gesandten, die sich auf dem Konzil von Piacenza im März 1095 einfanden, besonders die religiöse Komponente hervor. Da es 1054 unter anderem wegen dogmatischer Streitigkeiten zum Schisma zwischen den Kirchen Roms und Konstantinopels gekommen war, scheinen sie nicht nur erneut die Kirchenunion, die dem Papst ein Anliegen war, in Aussicht gestellt, sondern auch betont zu haben, daß westliche Hilfe für die östliche Christenheit angesichts der – klug vorgeschobenen – Bedrohung durch die Muslime dringend not tue. Der theologischen und emotionalen Bedeutung Jerusalems sehr wohl gewahr, scheinen sie sogar die Befreiung der Heiligen Stadt vom heidnischen Joch geschickt mit ins Spiel gebracht zu haben, obwohl es ihrem kaiserlichen Auftraggeber letztlich nur um den Kampf gegen die Seldschuken in Kleinasien ging.

Wie die zu Piacenza versammelten Prälaten das Hilfeersuchen Kaiser Alexios' I. aufnahmen, ist nicht bekannt. Papst Urban II. (1088–1099) allerdings dürfte es nicht ganz unwillkommen gewesen sein. Mitten im sogenannten Investiturstreit im Konflikt mit dem römisch-deutschen Kaiser Heinrich IV. (1056–1106) und dem von diesem favorisierten Gegenpapst Clemens III. (1084–1100), war seine Autorität noch in Frage stehend und regional beschränkt. Insofern war es für Urban ein beträchtlicher diplomatischer Erfolg und eine erhebliche Aufwertung seiner angefochtenen Stellung, daß sich der Kaiser des Ostens mit seiner Bitte an ihn wandte und nicht an seinen Konkurrenten auf dem Stuhle Petri. Die mögliche Wiederherstellung der Kirchenunion, verbunden mit einem von ihm initiierten bzw. unterstützten Kriegszug zur Befreiung der orientalischen Christen und Kirchen, der sich in den seit langem von der Kirche geförderten Heidenkampf einfügte und diesen nach Osten hin ausdehnte, mußte zudem seinem Anspruch Geltung verschaffen, das spirituelle Oberhaupt der gesamten Christenheit zu sein.

Im Sommer 1095 begab sich Urban II. nach Frankreich, wo er am 15. August ein *concilium generale* einberief, das im November in Clermont in der Auvergne tagen sollte. Auf der anschließenden Rundreise durch das südliche Frankreich scheint Urban in zahlreichen Gesprächen dieses Konzil gründlich vorbereitet zu haben. Und es spricht vieles dafür, daß es dabei auch um das Hilfeersuchen von Piacenza ging respektive um die Aufstellung eines Ritterheeres für den geplanten Kriegszug in den Orient.

Am 18. November trat schließlich in Clermont das Konzil zusammen, das seine welthistorische Bedeutung dem dort verkündeten Aufruf zum Kreuzzug verdankt. Doch zunächst unterschied es sich in nichts von früheren Konzilien. Ganz im Sinne der gregorianischen Kirchenreform ging es um Fragen der

Kirche im allgemeinen und solche der französischen im besonderen. Viele frühere Rechtsbestimmungen wurden wiederholt und neue erlassen, sei es gegen die Laieninvestitur, die Eheschließungen von Geistlichen und den simonistischen Ämterkauf oder in bezug auf den Gottesfrieden, der die Fehde an bestimmten Tagen verbot und bestimmte Personenkreise unter besonderen Schutz stellte. Verhandelt wurde auch das aus kirchlicher Sicht ehebrecherische Verhalten Philipps I. von Frankreich. Da sich der König aber nicht in seine Beziehung hineinreden lassen wollte, wurde er schließlich ebenso exkommuniziert wie erwartungsgemäß der Konkurrenzpapst Clemens III.

Daß Urban II. aber einem der mindestens 32 Tagesordnungspunkte wohl von Anfang an eine besondere Bedeutung beigemessen hatte, zeigte sich erst gegen Ende des Konzils. Am 27. November, so wurde bekanntgemacht, werde das Konzil öffentlich tagen und der Papst eine wichtige Ansprache halten. Angesichts der großen Menge von Klerikern und Laien, die sich daraufhin neugierig einfand, wurde die Versammlung auf ein offenes Feld vor den Toren der Stadt verlegt.

Die Rede des Papstes ist im authentischen Wortlaut nicht zweifelsfrei überliefert, sie läßt sich aber aus vier zeitnahen Berichten trotz verschiedener inhaltlicher Abweichungen in etwa rekonstruieren. Nachdem er zunächst offenbar die Konzilsbeschlüsse erläutert und den Klerus zur Unterstützung der Kirchenreform aufgefordert hatte, wandte er sich der Lage der Christenheit im Osten zu. Mit großer Eloquenz und rhetorisch geschickt schilderte er die angebliche Unterdrückung und grausame Verfolgung der christlichen Brüder im Orient durch die Muslime. Schon hätten die Türken Anatolien überrannt und seien bis an den Bosporus vorgedrungen, hätten die Kirchen zerstört und das Land verwüstet. Ohne schleunige und entschlossene Hilfe von außen sei die orientalische Christenheit in ihrer Existenz bedroht. Gleichzeitig prangerte er wohl die bürgerkriegsähnlichen Zustände im Abendland an, wo Mord und Totschlag, Raub und Wegelagerei an der Tagesordnung seien. Damit müsse es ein Ende haben. Die Ritter sollten besser ihre Energie auf Gott wohlgefällige Werke richten und in seinem

Namen gegen die Feinde des christlichen Glaubens zu Felde ziehen. Aus Räubern sollten endlich Ritter werden, die um Christi und des ewigen Lebens willen als Akt der Buße für ihre Sünden gegen die Heiden kämpften. Dafür aber würde jenen, die in diesem gerechten Krieg ihr Leben ließen, in der Stunde des Todes der Nachlaß für ihre Sünden (*remissio peccatorum*) gewährt werden.

Urbans Rede muß seine Zuhörer zutiefst beeindruckt und in ihren Bann gezogen haben. Immer wieder wurde er von dem in die Geschichte eingegangenen Zuruf *Deus lo vult!* – «Gott will es!» unterbrochen. Kaum daß der Papst geendet hatte, trat der Bischof von Le Puy heran, kniete nieder und bat als erster, sich diesem Kriegszug anschließen zu dürfen. Hunderte oder Tausende anderer folgten seinem Beispiel. Als äußeres Zeichen für ihr Gelübde, sich dem geplanten Zug in den Orient anschließen zu wollen, hieß der Papst die Menge, sich im Sinne des Bibelwortes «Und wer nicht sein Kreuz auf sich nimmt und mir nachfolgt, ist meiner nicht würdig» (Mt. 10,38) Stoffkreuze auf das Überkleid zu heften. Die Idee des «Kreuz»-Zuges war geboren.

Tags darauf ernannte Urban II. Bischof Adhémar von Le Puy zum päpstlichen Legaten und damit zum geistlichen Führer des geplanten Unternehmens. Etwa gleichzeitig – aber wohl doch leicht verspätet – trafen Boten des mächtigen südfranzösischen Grafen Raimund von Toulouse ein, welche die Teilnahme ihres Herrn an dem Kriegszug zusagten. Mit ziemlicher Sicherheit ist davon auszugehen, daß Bischof Adhémar von Le Puy, dessen Gast der Papst erst vor wenigen Monaten gewesen war, – in Urbans Pläne eingeweiht – entsprechend reagierte. Ein gleiches gilt für den Grafen von Toulouse, der so schnell von den Ereignissen in Clermont gar nicht erfahren haben kann; seine Boten müssen zum Zeitpunkt der päpstlichen Ansprache bereits auf dem Weg zum Konzilsort gewesen sein. Aller Wahrscheinlichkeit nach hatte Urban also auch mit ihm schon seit längerem in Kontakt gestanden. Inwieweit möglicherweise auch andere «Claqueure» zum Zuge kamen oder Absprachen im Vorfeld getroffen worden waren, muß dahingestellt bleiben. Selbst wenn man somit von einer klugen Inszenierung und einem massenpsychologischen Phänomen unter den Versammelten ausgeht, erklärt dies jedoch noch nicht die ungeheure Wirkung, die von der Ansprache des Papstes ausging.

III. Die Situation im Abendland

Damit der Aufruf Urbans II. auf fruchtbaren Boden fallen konnte, bedurfte es einer ganzen Reihe von Voraussetzungen im Abendland: Die Haltung der Kirche zum Krieg, der ihr angesichts der Friedensbotschaft Jesu zunächst wesensfremd war, mußte eine radikale Veränderung erfahren. Das seit der Spätantike immer stärker aufblühende Wallfahrtswesen mußte in der Christenheit ein Gespür für den religiösen Wert der heiligen Stätten wachrufen, an denen Christus lebte und litt. Soziale und wirtschaftliche Mißstände in Europa mußten in weiten Schichten der Bevölkerung die prinzipielle Bereitschaft wecken, in die Fremde zu ziehen, um dort bessere Lebensverhältnisse zu finden. Berichte von aus dem Orient zurückkehrenden Pilgern und Kaufleuten über die dort gesehenen Reichtümer konnten diese Bereitschaft noch verstärken. Dazu kamen, zusätzlich geschürt durch im 11. Jahrhundert immer noch lebendige Endzeiterwartungen, die Vorstellungen einer naiven Volksfrömmigkeit von der goldenen Stadt Jerusalem inmitten des biblischen Landes, in dem Milch und Honig fließen.

Die Einstellung der Kirche zum Krieg war begreiflicherweise ein heikles Problem. Wie ließen sich Mord und Totschlag im Krieg mit der friedliebenden und jegliche Gewalt ablehnenden Lehre Jesu vereinbaren? Aus der Bibel war auf diese Frage keine eindeutige Antwort zu erhalten. Auf der einen Seite standen das strikte Tötungsverbot des Dekalogs und die auf Gewaltverzicht abzielende Botschaft Jesu. Andererseits hatten die Apostel Petrus und Paulus die Schwertgewalt des Staates durchaus anerkannt, und man konnte sich zudem auf das Alte Testament berufen, in dem das Volk Israel sogar im Auftrag Gottes in den Krieg gezogen war.

Ebenso widersprüchlich waren die Aussagen der Theologen. Die ältere Patristik lehnte den Waffengebrauch strikt ab. Für ihre Vertreter waren Krieg und christliche Lebensführung schlichtweg unvereinbar. Seit der späten Antike, als erste christliche Soldaten in der römischen Armee Dienst taten, vor allem aber seitdem das Christentum zur staatstragenden Religion und die Armee des Römischen Reiches weitgehend christlich geworden waren, stellte sich jedoch verstärkt und akut die Frage, wie mit dem Problem des Krieges umzugehen sei.

Dem Kirchenvater Augustinus († 430) gebührt das – eher zweifelhafte – Verdienst, daß er als erster ein theologisch tragfähiges – und, wie sich in der Zukunft zeigen sollte, vor allem auch ein politisch praktikables – Konzept über Recht und Unrecht des Krieges entwickelte. Ohne den einzelnen aus seiner moralischen Verantwortung entlassen zu wollen, war für ihn der Krieg prinzipiell eine unvermeidliche und bedauerliche Folge der Erbsünde. Er unterschied jedoch zwischen einem gerechten und einem ungerechten Krieg. Ein gerechter Krieg (*bellum iustum*) habe vornehmlich auf die Erlangung des Friedens abzuzielen, um die von Gott gesetzte Ordnung auch auf Erden wenigstens im Ansatz zu verwirklichen. Frieden aber erreiche man, wenn man sich für die Einhaltung und Wiederherstellung des Rechts sowie für die Bekämpfung und Bestrafung des Unrechts einsetze. Nach eingehender Gewissensprüfung durfte Augustinus zufolge demnach auch ein Christ zu den Waffen greifen, um den Frieden zu erreichen (*bellum geritur, ut pax acquiratur*) und damit einer gerechten Sache (*iusta causa*) zu dienen, wie der Verteidigung oder der Wiedererlangung geraubten Gutes. Am gerechtesten aber war für Augustinus ein im Auftrag Gottes geführter Krieg (*bellum Deo auctore*).

Auf diese Weise war – wie die Zukunft zeigen sollte – ein Weg gefunden, der einer großzügigen Auslegung für die Rechtfertigung von Kriegen Tür und Tor öffnete. Während die Theologen des zivilisierteren griechischen Ostens des Römischen Reiches grundsätzlich an ihrer ablehnenden Haltung gegenüber dem

Krieg festhielten, sah der Westen dadurch die Möglichkeit zu einer sehr viel weniger pazifistischen Einstellung und letztlich sogar einer allmählichen Militarisierung der Kirche selbst gegeben. Gleichzeitig paßte sich die lateinische Kirche damit gleichsam der kriegerischen Haltung der barbarischen Völkerschaften an, denen Westrom erlegen war. Bei ihnen und in den Gesellschaften der von ihnen gegründeten Reiche galt Kampfesmut als höchste Tugend, und auf dem Schlachtfeld war in ihren Augen höchste Ehre zu gewinnen; ihre Einstellung zum Krieg war demnach von vornherein positiv.

Der hier aufgezeigte, durchaus langwierige Prozeß verlief allerdings nicht ganz gradlinig; er legte jedoch das Fundament für die künftige Entwicklung. Nicht nur Augustinus, sondern auch andere Kirchenlehrer versuchten, den Krieg damit zu rechtfertigen, daß er ein notwendiges Übel sei und es zu den Aufgaben des Kaisers gehöre, die Kirche vor inneren wie äußeren Feinden zu schützen – wenn nötig auch mit Waffengewalt. Gleichzeitig hielt aber auch die Kirche im Westen zunächst noch an dem allgemeinen Tötungsverbot der Bibel fest. Das aber hatte zur Folge, daß man auf der einen Seite realistisch der Existenz von Kriegen Rechnung trug, ja diese sogar unter Umständen im Sinne Augustins als rechtens betrachten mußte, daß man aber auf der anderen Seite zunächst weiterhin diejenigen mit Kirchenbußen belegte, die das Tötungsverbot im Krieg übertreten hatten.

Dieser Widerspruch verlangte spätestens seit dem Zusammenbruch des Karolingischen Reiches im 9. Jahrhundert nach einer Klärung, als das christliche Europa über Jahrzehnte hinweg von den verheerenden Einfällen der Wikinger, Ungarn und Araber heimgesucht wurde. Ihren Raubzügen war das flache Land fast wehrlos ausgeliefert, aber auch Städte und Klöster waren aufgrund ihres Wohlstandes ein beliebtes Ziel von Plünderungen. Es lag auf der Hand, daß es sich bei der Abwehr dieser plündernden Horden um einen Verteidigungskrieg, sprich einen gerechten Krieg, handelte. Dazu kam, daß es sich bei den fremden Invasoren ohne Ausnahme nach kirchlicher Diktion um Heiden handelte. So wurde jetzt die Idee des *bellum iustum* mit derjenigen der Heidenabwehr verknüpft. Diese Verbindung mit dem Heidenkrieg war eine ebenso wesentliche und wichtige Voraussetzung für die spätere Ausprägung des Kreuzzugsgedankens wie die damals von den Päpsten Leo IV. (847–855) und Johannes VIII. (872–882) gemachte Verheißung des ewigen Lebens für alle, die in diesen Kämpfen fielen.

Die von den Normannen und Ungarn ausgehende Bedrohung gelang es schließlich zu bannen, als beide Völker das Christentum annahmen und dadurch erfolgreich in die lateinisch-abendländische Welt integriert wurden: erstere, indem man sie 911 in der Normandie ansiedelte und das so entstandene normannische Herzogtum in den französischen Lehensverband eingliederte, die Ungarn, indem man sie 955 auf dem Lechfeld bei Augsburg vernichtend schlug, wodurch sie fürderhin von ihren Raubzügen nach Mitteleuropa abließen und im heutigen Ungarn seßhaft wurden.

Ein wesentlich gravierenderes und dauerhafteres Problem stellten die arabischen Invasoren dar. Die arabische Expansionsbewegung hatte seit dem 7. Jahrhundert nicht nur den Nahen Osten erfaßt; sie richtete sich vielmehr auch nach Westen. Nach der Besetzung Ägyptens im Jahre 642/643 eroberten arabische Heere innerhalb von nur rund fünfzig Jahren den gesamten Norden Afrikas bis hin zu den Kanarischen Inseln. Damit ging diese gewaltige Landmasse, die erst etwa hundert Jahre früher Kaiser Justinian dem Römischen Reich zurückgewonnen hatte, für immer der Christenheit verloren. Im Sommer 711 setzte schließlich der Feldherr Ṭāriq ibn Ziyād ein vor allem aus islamischen Berbern bestehendes Heer über die Meerenge von Gibraltar (abgeleitet von *Ǧabal Ṭāriq* = Fels des Ṭāriq). Am 19. Juli des gleichen Jahres schlug er bei Xeres de la Frontera die Westgoten vernichtend. Nach dieser Schlacht von welthistorischer Bedeutung, in der der letzte König der Westgoten vermutlich sein Leben verlor, brach deren Reich in sich zusammen.

In raschem Siegeslauf eroberten die Muslime in den folgenden Jahren nahezu die gesamte Iberische Halbinsel. Fast gleichzeitig unternahmen sie Razzien über die Pyrenäen hinweg bis tief ins Frankenreich hinein. Angesichts von dessen Schwäche unter den späten Merowingern, stießen sie dabei kaum auf nennenswerten Widerstand. Erst im Herbst 732 gelang es dem fränkischen Hausmeier Karl Martell, bei Tours und Poitiers ein muslimisches Heer zu stellen und ihm eine schwere Niederlage zuzufügen. In ihrer Bedeutung ist diese Schlacht jedoch in der europäischen Geschichtsschreibung vielfach überbewertet worden, und der ihr anhaftende Mythos ist ein Produkt späterer Zeit. Sie erschütterte weder die Machtstellung der Muslime in Spanien, noch führte sie zu einem Ende der muslimischen Raubzüge. Ein gewisses Gleichgewicht stellte sich erst unter der tatkräftigen Regierung Karls des Großen ein. Nach seinem Tod und dem einsetzenden Verfall des Karolingerreiches nahmen die Razzien jedoch wieder an Heftigkeit zu. Die Mittelmeerküste von Marseille bis hinauf nach Savona wurde von muslimischen Piraten heimgesucht, die sogar bis in die Schweiz vordrangen. Nordafrikanische Piraten griffen im Jahr 846 Rom an und zerstörten in den Jahren 883 und 897 die altehrwürdigen Abteien von Monte Cassino und Farfa. Ebenfalls im 9. Jahrhundert wurde Sizilien erobert; 935 wurde wieder das Rhônedelta angegriffen. Die von den Muslimen ausgehende Gefahr war eine sehr handgreifliche und beunruhigte die gesamte abendländische Christenheit.

An eine Integration und Bekehrung der Araber war kaum zu denken: Indem diese selbst einer streng monotheistischen Hochreligion angehörten und von deren Überlegenheit und Wahrheit überzeugt waren, bestand für sie keinerlei Veranlassung, das Christentum anzunehmen, das sie aufgrund seiner Trinitätslehre schlichtweg als polytheistisch einstuften. Da zudem die islamische Kultur der abendländischen damals noch weit überlegen war, konnte auch auf diesem Gebiet keinerlei Anreiz oder Sogwirkung auf die Araber ausgehen, wie dies bei den Normannen und Ungarn durchaus der Fall gewesen war. Auch militärisch konnte man sie nicht entscheidend schlagen und aus Europa verdrängen, so daß in der Folgezeit der Heidenkrieg auf den Krieg gegen die Muslime fokussiert wurde.

Sehr viel bedeutsamer als die Schlacht von Tours und Poitiers war für den Verlauf der europäischen Geschichte, daß sich bereits in den zwanziger Jahren des 8. Jahrhunderts in Spanien der Widerstand gegen die Muslime zu organisieren begann. Damit aber wurde die Iberische Halbinsel bis zur Einnahme Granadas 1492 zum Schauplatz über 700 Jahre währender, teilweise erbitterter Kämpfe zwischen Christen und Muslimen. Da es in ihnen den Christen um die Vertreibung der Muslime bzw. die Wiedereroberung (*Reconquista*) ihres Landes ging, waren sie nach allgemeiner Auffassung der Zeit Teil eines gerechten Krieges.

Auch wenn diese Heidenkämpfe in Spanien das Denken Papst Urbans II. beeinflußten und damit letztlich für die Ausprägung des Kreuzzugsgedankens eine wichtige Rolle spielten, waren sie jedoch keine «Vorkreuzzüge», wie gelegentlich in der Forschung argumentiert wurde; sie waren lediglich Heidenkriege, die sich in die gesamteuropäische Abwehr des Islam einfügten. Erst in späterer Zeit wurden die Ritter, die in Spanien gegen die Muslime fochten, den Kreuzfahrern gleichgestellt.

Die veränderte kirchliche Einstellung zum Krieg fand ihren Niederschlag seit dem Ende des 10. Jahrhunderts auch in der sogenannten Gottesfriedensbewegung. In einer Schwächephase des Königtums zerfleischten sich damals die Großen Frankreichs in blutigen Fehden, die öffentliche Ordnung lag weitgehend brach, und von einem inneren Frieden konnte kaum mehr gesprochen werden. Die berittenen Vasallen, dem Königtum durch Lehnsbindungen verpflichtet und von ihm abhängig, waren zumeist verrohte Gesellen. Skrupellos und beutegierig war ihr Auftreten und darin von den späteren Idealen des sich aus diesem Kriegerstand allmählich formierenden Rittertums noch weit entfernt. Die Leidtragenden waren jedoch nicht nur die weitgehend wehrlosen Nichtadligen, die mitansehen mußten, wie ihre Felder, Dörfer und Städte verwüstet und gebrandschatzt wurden, sondern in erheblichem Maße auch die aufgrund einer organisierteren und intensiveren Bewirtschaftung ihrer Ländereien vielfach wohlhabenderen Klöster, die immer wieder zum Ziel von Überfällen und Plünderungen wurden. Auch wenn es daher durchaus ihrem Eigeninteresse diente, ist es doch ein großes Verdienst der Kirche, daß sie sich nachdrücklich dafür einsetzte, diese unerträglichen und das Land ruinierenden Mißstände abzustellen. Der Friede (*pax*) bzw. die Wiederherstellung von Frieden und Gerechtigkeit (*restauratio pacis et iustitiae*) wurden gepredigt.

In einem ersten Schritt versuchten die Bischöfe, den einsichtigeren und verantwortungsbewußteren Teil des Adels darauf einzuschwören. Die mit den weltlichen Herrschaftsträgern der jeweiligen Regionen eingegangenen Friedensbündnisse (*conventia pacis*) zielten auf die Sicherheit des Kirchenbesitzes und den Schutz von Klerikern und wehrlosen Laien – also allen, die keine Waffen tragen durften – ab. Etwas später trat die kirchliche Forderung hinzu, daß Kampf- und Fehdehandlungen zu bestimmten Zeiten des Kirchenjahres überhaupt nicht mehr statthaft sein sollten (*treuga Domini*). Aus diesen verschiedenen Ansätzen heraus entwickelte sich die Idee des Gottesfriedens (*pax Dei*), mit der die Kriminalität und das unselige Fehdewesen eingedämmt, wenn nicht gar abgeschafft werden sollten.

Gleichzeitig bemühte sich die Kirche, einen größeren religiösen und moralischen Einfluß auf die Laienschicht zu gewinnen und so auf eine Verchristlichung der Gesellschaft insgesamt hinzuwirken. Wo all dies nichts fruchtete, griff die Kirche im Sinne des Augustinuswortes «Krieg werde geführt, damit Friede einkehre» selbst zum Mittel der militärischen Durchsetzung ihrer Ziele: sei es, daß sie die gegen die Friedensstörer angewandten Gewaltmaßnahmen mit geistlichen Mitteln legitimierte, sei es, daß sie selbst Truppen aufbot und sich so aktiv am Kampf beteiligte.

Hinzu kommt im ausgehenden 11. Jahrhundert die unlösbar mit dem Namen Papst Gregors VII. verbundene Kirchenreform. In ihr ging es nun nicht mehr wie früher alleine darum, die Kirche vor den Übergriffen eines gewalttätigen Adels zu schützen. Ihr Ziel war es unter anderem vielmehr, die Kirche dem Zugriff des Adels und der Bevormundung durch weltliche Herrschaftsträger zu entziehen. Indem der streitbare Gregor VII. aber die geforderte Freiheit zusätzlich mit dem Anspruch des päpstlichen Primats gegenüber den weltlichen Gewalten verknüpfte, kam es fast notwendigerweise zum sogenannten Investiturstreit.

Im Konflikt mit dem römisch-deutschen Kaiser – aber nicht nur mit diesem –, der einen Vorrang des Papstes entschieden zurückwies, brauchte und suchte derselbe zwangsläufig Verbündete.

In dieser Situation trug nun Früchte, daß sich die Kirche in der zurückliegenden Zeit der massiven Bedrückung nicht hatte dazu hinreißen lassen, den Kriegerstand pauschal zu verdammen. Je stärker sich dieser aber unter dem erzieherischen Einfluß der Kirche zu einem allmählich verchristlichten Ritterstand gewandelt hatte, um so mehr konnte diese nun an dessen Hilfe appellieren und auf offene Ohren hoffen. Und in der Tat wurde dem Papst aus seinen Reihen tatkräftige Unterstützung zuteil. Damit aber stand Gregor VII. ein militärisches Potential zur Verfügung, das sich bereitwillig für die von der Kirche propagierten Zwecke instrumentalisieren ließ. Verbunden durch einen universalen Sittenkodex, stellte die Existenz dieser ritterlichen Laienschicht eine wesentliche Voraussetzung dafür dar, daß der Aufruf von Clermont später auf fruchtbaren Boden fallen konnte. In Anlehnung an die Mönche, die nach Auffassung der Zeit mit friedlichen Mitteln als Ritterschaft Christi (*militia Christi*) für ihr Seelenheil fochten, bezeichnete Gregor VII. die Krieger, die für ihn ins Feld zogen, als Ritterschaft des Heiligen Petrus (*militia sancti Petri*).

Die unter Papst Gregor VII. endgültig vollzogene positive Bewertung des – vor allem für die Kirche geführten – Krieges und ein verchristlichtes Standesethos waren jedoch nicht alleine ausschlaggebend für die Bereitschaft der Ritter, im Dienste der Kirche in den Orient zu ziehen. Hinzu gesellte sich eine ganze Reihe weiterer Faktoren.

In der abendländischen Kirche hatte sich im Laufe der Jahrhunderte ein immer stärker anwachsendes Pilgerwesen herausgebildet, dessen vornehmste Ziele Jerusalem und das Heilige Land waren. Gegen Ende des 11. Jahrhunderts konnte die Christenheit schon auf eine lange Tradition der Jerusalemwallfahrt zurückblicken. Bereits die Kaiserin Helena, die Mutter Konstantins des Großen, hatte sich nach Palästina begeben und sich dort gleichsam als große christliche «Archäologin» betätigt, wie Steven Runciman meinte. Nach der durch sie veranlaßten Freilegung Golgothas und der Auffindung der Passionsreliquien ließ Kaiser Konstantin an dieser Stelle die Kirche des Heiligen Grabes errichten.

Schon im Jahre 333 begegnet uns dann ein namenloser Pilger aus dem fernen Bordeaux in Palästina, und nur wenig später reiste eine spanische Dame namens Egeria dorthin, die durch ihren Bericht über die heiligen Stätten, die *loca sancta*, Berühmtheit erlangte. Anders als der Kirchenvater Augustin, der Pilgerfahrten aus theologischen wie moralischen Gründen mißbilligte, vertrat der heilige Hieronymus die wohl mehr der Volksfrömmigkeit entgegenkommende und damit zukunftsträchtigere Meinung, daß es durchaus ein Akt des Glaubens sein könne, dort zu beten, wo einst Christus lebte und litt. Im Jahre 386 zog er sich als Klausner nach Bethlehem zurück, und sein Beispiel machte Schule. So ließ sich etwa ein halbes Jahrhundert später Kaiserin Eudokia auf ihre alten Tage in Jerusalem nieder, die für den späterhin so beliebten und gewinnträchtigen Reliquienhandel insofern einen wichtigen Impuls gab, als sie das angeblich vom heiligen Lukas gemalte Bildnis Unserer Lieben Frau nach Konstantinopel schickte.

In den folgenden Jahrhunderten erfreute sich die Jerusalemwallfahrt zunehmender Beliebtheit. Zur Aufnahme der Pilger entstanden deshalb zahlreiche Klöster und Hospize im Heiligen Land. Die Islamisierung Syriens und Palästinas in den vierziger Jahren des 7. Jahrhunderts, sei es durch die Eroberung des Landes – so die herrschende Lehrmeinung – oder eher durch einen allmählichen Prozeß – wie die neuere Forschung vereinzelt annimmt –, tat dieser Entwicklung keinen nennenswerten Abbruch. Den Muslimen waren die orientalischen Christen, die sie als Angehörige einer Buchreligion tolerierten, ein vertrauter Anblick, und auch deren Glaubensbrüdern aus dem Westen begegneten sie daher im großen und ganzen ohne Vorbehalte. Positiv wirkten sich um die Wende vom 8. zum 9. Jahrhundert zudem die diplomatischen Kontakte aus, die Karl der Große – unter anderem im Interesse einer Förderung der Wallfahrten und deren reibungslosen Ablaufs – mit dem abbasidischen Kalifen

Harūn ar-Rašīd in Bagdad unterhielt. Hinzu kam wohl auch, daß die Muslime durchaus in gewissem Umfang an den Pilgern verdienten, auch wenn diese, weil dem Armutsideal verpflichtet, wohl keine großen Reichtümer ins Land gebracht haben können.

Allenfalls die durch die Schwäche des Karolingischen und Byzantinischen Reiches im 9. Jahrhundert begünstigte Zunahme muslimischer und nordischer Piraten im Mittelmeer führte vorübergehend zu einem gewissen Rückgang der gefährlicher gewordenen Pilgerfahrten übers Meer. Als jedoch das wiedererstarkte Byzanz mit seiner Flotte im 10. Jahrhundert erneut das östliche Mittelmeer beherrschte und so, für Sicherheit und Ordnung sorgend, die friedliche Handelsschiffahrt und den weitgehend ungehinderten Waren- und Pilgertransport garantierte, begann die eigentlich große Zeit der mittelalterlichen Jerusalemwallfahrten.

Ein weiterer Grund dafür war, daß in dieser Zeit ganz allgemein der Glaube an die Heilswirkung bestimmter Orte und die Vorstellung beträchtlich zunahmen, man könne sich durch das Beten an einer geheiligten Stätte von seinen Sünden reinigen und sich gleichsam selbst heiligen. Diese Auffassung führte zur Ausbildung der sogenannten Bußwallfahrt, die dem einzelnen Sünder bei schweren Verfehlungen wie Inzest und Mord immer häufiger von der Kirche als kanonische Strafe auferlegt wurde. Die zunehmende Popularität der Jerusalemwallfahrt führte dazu, daß wir von nun an vermehrt von einzelnen hören, die – wie etwa Herzog Robert I. von der Normandie (1027–1035) – ob ihrer schweren Sünden in die Heilige Stadt pilgerten und dadurch Vergebung erhofften. Im Jahre 1064/65 führte Bischof Gunther von Bamberg gar eine Schar von angeblich 7000 Pilgern ins Heilige Land.

Wenn sich mittlerweile auch schon über ganz Europa ein dichtes Netz von Wallfahrtsorten erstreckte und vor allem Rom und Santiago de Compostela als besonders wichtige und hervorgehobene Pilgerstätten überregionale Anziehungskraft erlangt hatten, so behielt doch Jerusalem seine einzigartige und überragende Bedeutung. So mußte es vielen Menschen immer unerträglicher sein, zu wissen, daß die durch Christi Leben und Passion geheiligten Stätten sich in der Hand der Heiden befanden, die man ansonsten in Europa so erfolgreich bekämpfte und zurückdrängte.

Auch die wirtschaftliche und soziale Situation im Europa des ausgehenden 11. Jahrhunderts trug das ihre dazu bei, sowohl bei der einfachen Bevölkerung als auch beim Adel die Bereitschaft zum Aufbruch in die Fremde zu wecken, um anderweitig sein Auskommen, wenn nicht gar Wohlstand, zu suchen. Am Vorabend der Kreuzzüge waren noch weite Teile des mittleren und nördlichen Europas von fast undurchdringlichen Urwäldern und Mooren bedeckt. Diese Gebiete überwogen die landwirtschaftliche Nutzfläche bei weitem. Vorherrschend war die Dreifelderwirtschaft, bei der in jeweils zwei aufeinanderfolgenden Jahren unterschiedliche Feldfrüchte angebaut wurden, im dritten Jahr aber der Acker gar nicht bestellt wurde, um dem brachliegenden Boden Gelegenheit zur Regeneration zu geben. Die Ernteerträge waren dementsprechend dürftig; sie betrugen vielfach nur etwa das Dreifache der Aussaat und waren angesichts der stetig wachsenden Bevölkerung bei weitem nicht ausreichend. Außerdem war die landwirtschaftliche Produktion in höchstem Maße witterungsabhängig; Hungersnöte kamen deshalb häufig vor. An dieser Situation änderten auch die seit der Jahrtausendwende zügig vorangetriebene Binnenkolonisation und der Landesausbau zunächst wenig. Hinzu kamen häufig Epidemien; vielen Krankheiten waren die Menschen aufgrund der noch wenig entwickelten medizinischen und hygienischen Verhältnisse weitgehend schutzlos ausgeliefert, so daß diese immer wieder zahlreiche Opfer forderten.

Die meist bäuerliche Bevölkerung wohnte in einfachen Lehm- und Holzhäusern, das Inventar war, ebenso wie fast alle für das tägliche Leben und die Landwirtschaft nötigen Gerätschaften selbstgefertigt, das allgemeine Lebensniveau niedrig. Auch auf den nur teilweise aus Stein errichteten Burgen des Adels, die damals in steigender Zahl das Land überzogen, war die Situation keine grundlegend andere und weit entfernt von den idealisierenden Schilderungen der mittelalterlichen Epik. Allenfalls in den königlichen und bischöflichen Pfalzen sowie großen Herrensitzen sah es etwas besser aus.

Die noch aus karolingischer Tradition überkommene Gepflogenheit der Erbteilung unter allen Nachkommen schmälerte den Besitz des einzelnen oftmals so sehr, daß er sich kaum noch davon zu ernähren vermochte. Der Adel versuchte daher, der so drohenden Verarmung entgegenzusteuern. In Nordfrankreich führte man das Prinzip der Primogenitur ein, das alleinige Erbrecht des ältesten Sohnes. Die Nachgeborenen mußten anderweitig versorgt werden bzw. ihr Auskommen suchen, sei es als Kleriker oder Mönche, sei es, daß sie als Ritter Kriegsdienste nahmen.

Eine andere Möglichkeit, die ruinösen Erbteilungen zu vermeiden, war die sogenannte Frérèche (von lat. *fraternitia*), die man vor allem im südlichen Frankreich, in Burgund und Italien praktizierte. Hierbei traten alle Geschwister gemeinsam in das Erbe ein. Der Besitz der Familie blieb dadurch zwar ungeteilt erhalten, letztlich mußten aber immer mehr Familienmitglieder davon leben. Da diese Regelung auch die Gefahr in sich barg, daß der Besitz zur Ernährung einer zu groß geratenen Familie nicht mehr ausreichte, mußte man darauf achten, die Geburtenrate möglichst konstant niedrig zu halten. In der Praxis bedeutete dies, daß nicht jedes Familienmitglied ohne weiteres heiraten durfte und der einzelne sich den Interessen der Familie strikt unterzuordnen hatte. Auch im Falle der Frérèche boten folglich die Kirche oder fremde Kriegsdienste häufig die einzigen Auswege, den rigiden Zwängen einer Großfamilie zu entgehen und anderenorts sein Glück zu versuchen.

Vor diesem Hintergrund wird verständlich, weshalb der Aufruf Urbans II. in Clermont auch innerhalb der adlig-ritterlichen Schicht auf eine so lebhafte Resonanz stieß. Der Kreuzzug stellte eine Möglichkeit dar, diesem sozialen und wirtschaftlichen Dilemma zu entfliehen und im fernen Orient möglicherweise zu Wohlstand und Unabhängigkeit zu gelangen.

In Europa war gegen Ende des 11. Jahrhunderts die Landwirtschaft der vorherrschende Wirtschaftszweig und stellte die Lebensgrundlage für die Mehrheit der Bevölkerung dar. Die wenigen und meist kleinen Städte nördlich der Alpen waren überwiegend Gründungen aus der Römerzeit und lassen sich mit dem blühenden Städtewesen im Orient nicht vergleichen. Handwerk und Handel spielten noch eine relativ bescheidene Rolle.

Gleichwohl gab es trotz des im allgemeinen unterentwickelten Wege- und Straßennetzes Fernhandelsverbindungen, die Europa durchzogen und es mit fremden Märkten verbanden – so etwa durch das Rhônetal bis ins muslimische Spanien, über Regensburg, Prag und Krakau bis nach Kiew oder über Regensburg und die Donau hinab bis Konstantinopel. Eine andere Möglichkeit boten die Schiffe der italienischen Seerepubliken Venedig, Genua und Pisa, die sowohl byzantinische als auch muslimische Häfen anliefen, wie etwa Konstantinopel und Alexandria. Die zwar wirtschaftlich und kulturell höherstehende, aber an natürlichen Ressourcen ärmere islamische Welt bezog auf diesem Weg von Córdoba bis hin nach Kairo, Damaskus und ins ferne Bagdad wichtige Rohstoffe aus Europa, wie Holz, Eisen und andere Metalle. Unter Umgehung wiederholt ausgesprochener staatlicher wie kirchlicher Verbote kamen Waffen und weiße Sklaven als Handelsware hinzu; für beides herrschte im Orient eine starke Nachfrage. Umgekehrt versorgten die – vielfach polyglotten – Fernhändler, oft Juden, die dünne europäische Oberschicht mit Luxusgütern aus dem Orient. Sie brachten Stoffe, Gewürze, Schmuckgegenstände und andere seltene und kostbare Waren byzantinischer und orientalischer Provenienz nach Europa.

Ein wichtiger Aspekt dieser Handelskontakte war, daß sie den geographischen Horizont Europas allmählich erweiterten, der ansonsten lediglich durch die Missionierung seiner nördlichen und östlichen Randgebiete eine gewisse Vergrößerung erfahren hatte. Mit den Handelswaren kamen durch die Kaufleute Gerüchte über den sagenhaften Reichtum des Orients nach Europa. Auch heimkehrende Pilger wußten über den Glanz der heiligen Stätten, über die seltsame Tier- und Pflanzenwelt, die mit Gottes Hilfe überstandenen Gefahren, aber auch den lockenden Reiz der fremden Welt zu berichten. Ihre Erzählungen vermischten sich in den Vorstellungen der Volksfrömmigkeit mit den Schilderungen der Priester, die stark von der biblischen Offenbarung des Johannes geprägt gewesen sein dürften. Mancher wird so das himmlische Jerusalem mit seinen zwölf Toren aus Perlen, mit seinen edelsteingeschmückten Mauern und goldenen Straßen, das nicht der Sonne und des Mondes bedarf, weil allein Gott es erleuchtet, mit dem irdischen verwechselt und in eins gesetzt haben. Einfachen Gemüts und kindlichen Glaubens, muß so vor allem für die Armen und Ungebildeten, die auf ein besseres Leben im Diesseits hoffen mochten, bereits von dem Namen «Jerusalem» eine magische Anziehungskraft ausgegangen sein.

All dies führte dazu, daß der Aufruf des Papstes in allen Bevölkerungsschichten auf ein lebhaftes Echo stieß, das Urban II. selbst in seiner Intensität überraschte.

IV. Der Erste Kreuzzug

1. Präludium

Dem Papst war es mit seinem Aufruf aller Wahrscheinlichkeit nach wohl lediglich um die Aufstellung eines Ritterheeres von ein paar hundert oder ein paar tausend Mann gegangen, das er dem Basileus zur Unterstützung in dessen Abwehrkampf gegen die türkischen Seldschuken schicken wollte. Jerusalem, das als Ziel des geplanten Kriegszuges in der Folgezeit immer mehr in den Vordergrund rückte, ließ Urban II. nach gängiger Meinung der Forschung, wenn auch heftig widersprochen von Herbert E. J. Cowdrey, in seiner Predigt wohl unerwähnt – eben weil es ihm in Clermont noch gar nicht darum zu tun war. Hauptargument für diese These ist die Tatsache, daß der Name der Heiligen Stadt im Bericht Fulchers von Chartres, der wohl der authentischste ist, keinerlei Erwähnung findet; erst in den anderen Quellen tritt er mehr oder weniger hervorgehoben in Erscheinung.

Mit der Stellung von Hilfstruppen für die Byzantiner schlug der Papst gewissermaßen zwei Fliegen mit einer Klappe: Er trug zu Ruhe und Ordnung in der Heimat bei, indem er zumindest einen Teil der allzeit fehdefreudigen und beutegierigen Ritterschaft, der sich dem Gebot des Gottesfriedens nicht beugen wollte, in die Fremde schickte, damit er sich dort nützlich mache. Gleichzeitig aber würde dadurch den in seinen Augen in Not geratenen und der Hilfe aus dem Abendland dringend bedürftigen Christen im Osten geholfen werden. Beides aber war nach Ansicht vieler mittelalterlicher Theologen ebenso ein Akt christlicher Nächstenliebe (*caritas*) wie der Kampf gegen die Feinde Gottes an sich: So wie ein Vater seinen Sohn bisweilen aus Liebe strafen müsse, könne auch der Christ den Heiden zu dessen Besten aus Liebe mit dem Schwert in der Hand züchtigen. Auf dieses Verständnis christlicher Nächstenliebe und ihre Bedeutung für die Geschichte der Kreuzzüge hat – auch wenn dem nicht nur häufig die Realität, sondern auch viele völlig anderslautende Interpretationen entgegenstehen – vor allem Jonathan Riley-Smith hingewiesen.

Die Ritter aber, die solcherart zum allgemeinen Nutzen der Christenheit zu Felde zögen, sollten den Pilgern (*peregrini*) gleichgestellt werden. Wie diesen winke ihnen geistlicher Lohn. Obwohl ihre Aufgabe das Töten war, solle «jedem, der allein aus Frömmigkeit und nicht um der Ehre oder des Geldes willen zur Befreiung der Kirche Gottes nach Jerusalem zöge, dies als vollkommene Bußleistung für seine Sünden angerechnet werden» (*quicumque pro sola devotione, non pro honoris vel pecuniae adeptione, ad liberandam ecclesiam Dei Jerusalem profectus fuerit, iter illud pro omni poenitentia reputetur*), wie in der schriftlichen Ausformulierung der Konzilsbeschlüsse von Clermont festgehalten wurde. So erstaunt es denn auch nicht, daß sich die Kreuzfahrer nicht nur als Ritter Christi (*milites Christi*) verstanden, die für den Herrn in den Kampf zogen, sondern auch als Pilger bzw. pilgernde Ritter Christi (*Christi milites peregrini*). Was sie von den normalen Wallfahrern unterschied, war allein der Umstand, daß sie Waffen führten; wie diese aber trugen sie – vom Kreuz auf dem Gewand abgesehen – als äußere Erkennungszeichen Pilgerstab und -tasche.

Folgerichtig bezeichneten sie selbst ihr Unternehmen oft als *peregrinatio* (Wallfahrt), auch wenn Urban II. diesen Begriff und die damit verbundene Gleichsetzung noch vermied. Daneben sprach man einfach von *iter* (Weg, Marsch, Reise) oder *expeditio* (Feldzug), oft mit dem Zusatz *Hierosolymitanum* oder *Hierosolymitana*, also «nach Jerusalem». Die heute gängige Bezeichnung «Kreuzzug» wurde erst im 17. Jahrhundert von Leibniz geprägt, auch wenn in altfranzösischen Quellen des 13. Jahrhunderts vereinzelt schon das Wort *croiserie* vorkommt. Das lateinische Pendant *cruciata* konnte sich nach Vermutung von Rudolf Hiestand wohl wegen der Grundbedeutung des Verbs *cruciare* als «foltern, quälen» nicht durchsetzen.

Als zusätzlicher Anreiz neben den religiösen Verheißungen wurde vielleicht schon in Clermont der Gottesfriede auf die auszugswilligen Ritter ausgedehnt und ihr irdisches Hab und Gut für die Zeit ihrer Abwesenheit unter den Schutz der Kirche gestellt. Sollte Urban II. ursprünglich tatsächlich nur aus christlicher Nächstenliebe die Aufstellung eines Hilfskontingents für den byzantinischen Kaiser geplant haben, so ging doch die weitere Entwicklung über diese Intentionen rasch hinweg und riß ihn mit sich fort. Jerusalem trat in der öffenlichen Meinung und schließlich auch in den Verlautbarungen des Papstes immer mehr in den Vordergrund; die Befreiung der Heiligen Stadt wurde schnell zum eigentlichen Kriegsziel. Ein die Initiatoren überraschender, so wohl nie geplanter Massenexodus war letztlich die Folge. Schuld daran könnte aber nicht zuletzt der Papst selber tragen. Nach dem Zeugnis des Bischofs Balderich von Dol, dem wir einen der Berichte über Urbans Ansprache in Clermont verdanken, habe dieser nämlich all denjenigen, die seiner Aufforderung entsprechend in den Osten zögen, dort reiche Beute und den ungestörten Besitz des eroberten Landes versprochen. Fragt man deshalb nach Erklärungen für das außerordentliche Echo auf Papst Urbans Kreuzzugsaufruf, dürften demnach – entgegen den in der Forschung immer wieder geäußerten Zweifeln – neben religiösen und sozialen Motiven sehr wohl auch handfeste Beute- und Landgier eine nicht unwesentliche Rolle gespielt haben.

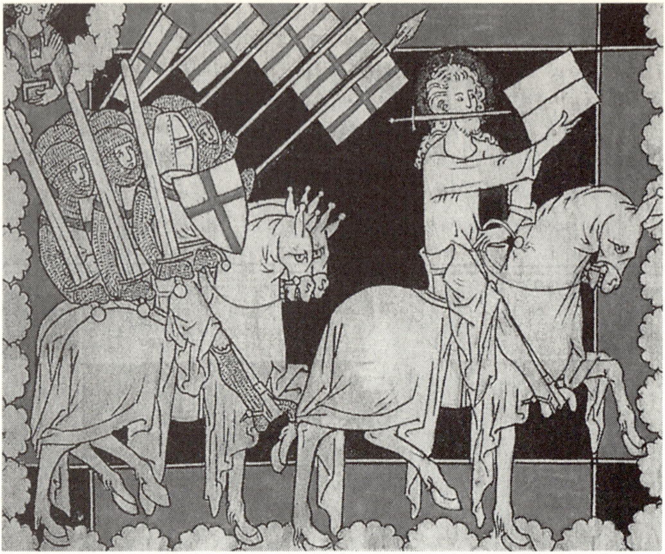

Abb. 2: Christus als Anführer des Kreuzritterheeres

Als Termin für den Auszug des Heeres unter Führung des Herrn war noch in Clermont sicher nicht zufällig der Tag Mariä Himmelfahrt des Jahres 1096, der 15. August, festgelegt worden – ein Festtag, dem im Zuge der von Urban II. geförderten Marienverehrung besondere Bedeutung zukam. Der Papst hielt sich noch bis in den Hochsommer 1096 hinein im südlichen Frankreich auf. In mehreren Städten predigte er dort selbst den Kreuzzug. In mindestens drei Briefen, an die Flamen, die Bologneser und die Vallombrosaner, rief er die Gläubigen auch überregional zum Zug in den Osten auf, wobei er darauf hinwies, daß Alte und Gebrechliche tunlichst zu Hause bleiben sollten und Mönche und Kleriker nicht ohne Erlaubnis ihrer Oberen mitziehen dürften. Ein übriges taten die Bischöfe, denen der Papst in Clermont aufgetragen hatte, in ihren Diözesen für den geplanten Kriegszug zu werben. Da in Clermont indes keine Prälaten aus dem Norden, aus England und Deutschland – von

Lothringen abgesehen – vertreten waren, weil diese vielfach der Observanz des kaiserlichen Konkurrenzpapstes Clemens III. anhingen, erklärt sich denn auch, daß Urbans Kreuzzugsaufruf in diesen Ländern auf so gut wie keine Resonanz stieß und nur wenige Adlige aus diesen Regionen sich dem Unternehmen anschlossen.

2. Der Volkskreuzzug

Vor allem aber waren es Volksprediger, die, ohne von der Kirche dazu ermächtigt zu sein, der breiten Masse den Aufruf nahebrachten und dabei offenbar die rechten Töne anschlugen. Arm und verelendet, apokalyptischen Vorstellungen anhängend und des Glaubens, daß Christi Wiederkehr unmittelbar bevorstehe, wenn man erst Jerusalem den Heiden entrissen habe, war der Großteil der Bevölkerung für ihre Predigten um so empfänglicher. Von einer Wallfahrt nach Jerusalem versprach man sich die Vergebung aller Sünden und die ewige Seligkeit beim Jüngsten Gericht, aber auch ganz handfest irdisches Wohlergehen und ein Leben in nie gekanntem Überfluß. Ein regelrechter Taumel erfaßte die Menschen. Wallfahrt und Heidenkrieg und die damit in Verbindung gebrachten Verheißungen waren nun nicht mehr länger nur eine Sache des Adels, sondern wurden zu einer solchen, die alle anging. Ohne rechte Kenntnis von der Welt und dem, was sie erwartete, gaben die Menschen zuhauf Haus und Hof auf und verluden ihre armselige Habe auf zweirädrige Karren, um in den fernen Orient zu ziehen. Wenn man eine fremde Burg oder Stadt erreichte, hätten kleine Kinder gar bisweilen staunend gefragt, ob man schon in Jerusalem sei, wie der Chronist Guibert von Nogent erzählt. Dieser Aufbruch ganzer Familien trug so viel mehr den Charakter einer mittelalterlichen Migrationsbewegung, denn den einer Wallfahrt oder eines Kriegszuges, zu dem die im Waffenhandwerk gänzlich ungeübten und außerdem völlig unzureichend bewaffneten Menschen auch kaum imstande gewesen wären.

Unter den zahlreichen Wanderpredigern ragt besonders Peter von Amiens, genannt Peter der Einsiedler (*Petrus heremita*), hervor. Häßlich und vor Schmutz starrend, ritt er barfuß in seiner Kutte auf einem Esel einher, wobei er einen angeblich himmlischen Brief vorzeigte. Seine Zuhörer waren von ihm begeistert und meinten, wie Guibert von Nogent versichert, daß ihm etwas Göttliches anhafte – ja selbst die Haare seines Esels habe man wie Reliquien behandelt. Mit großer Beredsamkeit rief Peter bereits seit Februar 1096 zum Kreuzzug auf; zuerst in der Grafschaft Berry, dann in der Champagne und in Lothringen. Über Aachen zog er nach Köln, wo seine Anhängerschaft, unter ihr auch ein Ritter namens Walter ohne Habe (*Guualterius Sinehabere*), schon nach einigen Zigtausend zählte – Männer, Frauen und Kinder, Bauern wie Stadtvolk, darunter auch zahlreiche Personen zwielichtigen Charakters. In Köln feierte der Einsiedler am 12. April 1096 das Osterfest und rührte weiter die Werbetrommel für den Kreuzzug. Walter ohne Habe hielt es allerdings nicht lange in der Stadt. Mit einigen tausend Ungeduldigen machte er sich auf den Weg nach Osten. Damit setzte eine Massenbewegung ein, für welche die Forschung den Begriff des «Bauernkreuzzuges» oder richtiger, den des «Volkskreuzzuges» geprägt hat – eines Kreuzzuges, der nicht nur heute Schaudern macht, sondern bereits die Zeitgenossen ob der damit verbundenen Ausschreitungen mit Entsetzen erfüllte.

Schon nach wenigen Wochen erreichte Walter ohne Habe mit seinem Haufen Anfang Mai 1096 die Grenze Ungarns. Leidlich auf Ordnung bedacht, durchquerte er mit den Seinen das Land und betrat dann byzantinischen Boden. Aufgrund von Plünderungen kam es hier zu ersten Auseinandersetzungen, die sich allerdings noch in Grenzen hielten. Halbwegs unangefochten traf Walter mit seinen Anhängern schließlich im Juli in Konstantinopel ein. Schwieriger gestaltete sich der Marsch Peters des Einsiedlers. Gegen Ende April verließ er mit seiner Schar Köln. Da seine Anhänger schon in Ungarn anfingen zu marodieren und Frauen zu vergewaltigen, kam es bereits dort zu ersten regelrechten Kämpfen. Wenn auch mit Sensen, Dreschflegeln und dergleichen nur unzureichend bewaffnet, schlugen sie allein ob ihrer Zahl bei Semlin ein paar tausend ungarische Soldaten tot, die ihrem Tun Einhalt gebieten sollten. Auf byzantinischem Reichsgebiet wiederholten sich die schweren Ausschreitungen, in deren Kontext Peters Mannen sogar Belgrad brandschatzten. Byzantinische Einheiten schlugen daraufhin energisch zurück und fügten der marodierenden Horde erhebliche Verluste zu. Mit dem Morden und Plündern hatte es jedoch erst ein Ende, als der Basileus Alexios I. Komnenos Truppen schickte, die Peter und seine Anhängerschaft mit Lebensmitteln versorgten und sie nach Konstantinopel eskortierten, das der beträchtlich zusammengeschmolzene Haufen am 1. August erreichte.

Andere Kontingente von Kreuzfahrern aus der einfachen Bevölkerung, die sich in Deutschland unter Führung eines Priesters namens Gottschalk, eines gewissen Volkmar und des rheinischen Grafen Emicho von Leiningen zusammengetan hatten, kamen indes gar nicht erst so weit. In Ungarn benahmen sie sich nach Aussage Guiberts von Nogent von Anfang an wie Tollwütige, die nur von Raub und Totschlag lebten, Feuer an Getreidespeicher legten und Frauen und Mädchen vergewaltigten. Schließlich fielen sie fast alle dem gerechten Zorn und den Schwertern der Ungarn zum Opfer – nur wenige überlebten und konnten sich nach Konstantinopel durchschlagen.

Grausige Berühmtheit hatten diese Horden aber schon erlangt, ehe sie überhaupt ungarischen Boden betraten. Aufgepeitscht von Fanatikern und Verbrechern fielen sie mit der Begründung, erst die Mörder Christi im eigenen Land vertilgen zu müssen, ehe man gegen die Sarazenen loszöge, über die deutschen Judengemeinden her. Religiöse Verblendung gepaart mit Habgier ließ sie völlig entmenschlicht die Juden – «jenen fluchwürdigen, überall anzutreffenden Pöbel» (*execrabilem Judaeorum quacumque repertam plebem*), wie Abt Ekkehard von Aura, einer unserer wichtigsten Chronisten des Ersten Kreuzzuges, in uns Heutige bestürzender Weise formulierte – rheinauf rheinab hinmorden und ausplündern, aber nicht nur dort, sondern auch in Trier, Regensburg und Prag. Über die Szenen, die sich dabei abspielten, legen die Berichte jüdischer Gewährsmänner beklemmend Zeugnis ab. Um nicht den Schwertern des mordenden Pöbels anheimzufallen, der sie im besten Falle vor die Wahl zwischen Zwangstaufe und Tod stellte, gingen zahlreiche Juden den Weg in den kollektiven Selbstmord. An diesen ersten großen Pogromen des Mittelalters konnte auch die Tatsache nichts ändern, daß Kaiser Heinrich IV. die Juden ausdrücklich unter seinen Schutz gestellt hatte und Gottfried von Bouillon, der Herzog von Niederlothringen, sich Geld von ihnen zahlen ließ, um sie vor dem entfesselten Mob zu bewahren. Auch die Versuche einzelner Bischöfe, die ihre Paläste als Zufluchtsort zur Verfügung stellten, um die prosperierenden und damit aus wirtschaftlichem Kalkül «wertvollen» Judengemeinden in ihren Städten zu schützen, halfen nichts.

Aber auch die anderen Teilnehmer des Volkskreuzzuges taten nicht gerade etwas dafür, sich beliebt zu machen. Trotz des freundlichen Empfangs, der Peter dem Einsiedler in Konstantinopel zuteil wurde, benahmen sich seine Scharen im Verein mit den Leuten des Walter ohne Habe und zwischenzeitlich ebenfalls eingetroffenen weiteren Pilgergruppen nach Guibert von Nogent auf das Unverschämteste. Sie verwüsteten Paläste, legten an öffentliche Gebäude Feuer und stahlen sogar das Blei von den Dächern der Kirchen, um es anschließend wieder an die Griechen zu verkaufen. Kaiser Alexios beeilte sich denn auch, den ganzen ungezügelten Haufen – der den Byzantinern eine gelungene Lektion in abendländischer Lebensart vermittelt hatte und damit deren zukünftiges Verhalten gegenüber den Kreuzfahrern negativ beeinflußte – so rasch als möglich loszuwerden und verschiffte ihn bereits am 6. August über den Bosporus nach Kleinasien.

Sogleich wieder das Land ihrer christlichen Gastgeber durch Plünderungen unsicher machend, zogen die Horden über das alte Nikomedeia (heute İzmit) zu dem in der Nähe gelegenen byzantinischen Heerlager Kibotos, das die Kreuzfahrer Civetot nannten. Statt, wie es ihnen der Basileus geraten hatte, auf Verstärkung aus dem Westen zu warten, unternahmen sie von dort aus, getrieben von Beute- und Mordgier, Raubzüge auf türkisches Gebiet. Ein paar tausend Franzosen stießen gar bis an die Mauern von Nikaia (heute İznik) vor, der Hauptstadt des Seldschukensultans Kılıç Arslān I. (1092–1107). Dort machten sie nicht nur reiche Beute, sondern massakrierten auch gleich die Bevölkerung. Eine Gruppe deutscher Pilger wollte es ihnen gleichtun, wurde aber von einer seldschukischen Streitmacht gestellt, eingekesselt und völlig aufgerieben. Als der zurückgebliebene Heerhaufen davon erfuhr, zog er schleunigst aus, um zu Hilfe zu eilen. Er geriet jedoch am 21. Oktober 1096 in einen Hinterhalt der Seldschuken. Anschließend fielen die Sieger über das Lager bei Civetot her und metzelten dort den Rest der Kreuzfahrer nieder – allein Knaben und Mädchen wurden verschont. Nur wenige überlebten das Blutbad und konnten sich nach Konstantinopel retten, wo sich bereits Peter der Einsiedler als Gast des Basileus aufhielt, bis er sich später dem eintreffenden Ritterheer wieder anschloß. Damit hatte der sogenannte Volkskreuzzug sein unrühmliches und schnelles, aber verdientes Ende gefunden.

3. Der Kreuzzug der Ritter

Mittlerweile hatten sich auch die verschiedenen fürstlichen Ritterheere auf den Weg gemacht. Ihre Aufstellung hatte wesentlich mehr Zeit in Anspruch genommen als der spontane und unzulänglich vorbereitete Aufbruch des einfachen Volkes. Fürsten und Adel mußten nicht nur für die Zeit ihrer Abwesenheit die Verwaltung ihrer Länder und Herrschaften regeln, sondern auch Vasallen aufbieten und Truppen anwerben. Vor allem aber mußte das nötige Bargeld beschafft werden, um den Lebensunterhalt während des ganzen Unternehmens zu gewährleisten. Zu Buche schlug auch die kostspielige Ausrüstung der Kämpfer: Schwer gewappnet mit Kettenhemd, Helm und Schild, benötigte ein berittener Krieger neben Schwert und Lanze mindestens ein Streitroß, ein Ersatzpferd und ein Reittier für den Marsch.

Da mit Ausnahme der Fürsten die meisten Ritter indes nicht über eine genügend große Barschaft verfügten, waren sie gezwungen, mobiles wie immobiles Eigentum zu verkaufen oder zu verpfänden. Als wichtigste Geldgeber traten dabei die Klöster in Erscheinung: sei es, daß sie die Güter und Liegenschaften gleich aufkauften, sei es, daß sie diese als Sicherheit für gewährte Kredite in Besitz nahmen. Da die daraus erwirtschafteten Erträge für die Zeit der Pfandschaft dem Geldgeber zustanden – was, unter geschickter Umgehung des kanonischen Zinsverbotes, doch eine verschleiernde Form der Verzinsung darstellte –, konnte dies durchaus ein recht einträgliches Geschäft sein.

Abgesehen vom Ersten Kreuzzug, wo das Beutemachen noch mehr als bei den späteren, weniger erfolgreichen möglich war, konnten Kreuzfahrer im Orient selten zu den erhofften Reichtümern kommen, die es ihnen ermöglicht hätten, die aufgenommenen Kredite wieder zurückzuzahlen. Eine Folge davon war, daß ein Kreuzfahrer, sofern er überhaupt nach Hause zurückkehrte, dort häufig mit leeren Händen dastand und völlig verarmte. Manche Kreditverträge sahen denn auch vor, daß ein finanziell zugrunde gerichteter Kreuzfahrer wenigstens in dem Kloster Zuflucht fand, das sein Unternehmen finanziert hatte. Für all diejenigen aber, die über genügend Bargeld verfügten, um die Kreuzfahrer damit auszustatten, seien es Juden oder kirchliche Institutionen, wurden die Kreuzzüge damit zu einem guten Geschäft, das beachtliche Gewinne abwarf, wie Giles Constable eindrucksvoll nachgewiesen hat. Die mit diesen Geldgeschäften und Verschuldungen zwangsläufig einhergehenden sozialen Verwerfungen wurden jedoch in der Forschung bisher bestenfalls punktuell, aber noch keinesfalls ausreichend zur Kenntnis genommen und untersucht.

Einer der ersten Fürsten, der zum Kreuzzug aufbrach, war Graf Hugo von Vermandois, ein Bruder König Philipps von Frankreich. Auf dem Landweg führte er sein nicht allzu großes Aufgebot nach Italien, wo er es im Oktober 1096 von Bari aus über die Adria nach Dyrrhachion (heute Durrës) verschiffte. Von dort wurde Hugo von einem Abgesandten des Basileus nach Konstantinopel geleitet, der ihn freundlich empfing. Wenn auch Kaiser Alexios nicht hatte vorhersehen können, daß seine in Piacenza vorgetragene Bitte um militärische Unterstützung in Form von Söldnerverbänden im Abendland gleich ganze Heere mobilisieren und in Bewegung setzen würde, stellte er sich gleichwohl als geschmeidiger Politiker rasch auf die neue Situation ein. Seine Fähigkeit zur Bewältigung der daraus resultieren-

Abb. 3: Darstellung eines Kreuzritters aus dem 13. Jh., ausgerüstet mit Kettenhemd, Topfhelm, Lanze, Schwert und Sporen

den Probleme hatte er bereits beim Erscheinen der undisziplinierten Massen des Volkskreuzzuges unter Beweis gestellt, die er mit Lebensmitteln versorgen und dann so rasch als möglich nach Kleinasien übersetzen ließ. Die Ankunft gut ausgerüsteter Truppen vor den Mauern seiner Hauptstadt verschärfte die Situation und hatte durchaus etwas Bedrohliches an sich. Trotz des byzantinischen Mißtrauens gegenüber dem lateinischen Westen und der bitteren Erfahrungen, die er bereits mit den süditalienischen Normannen hatte machen müssen, ging Alexios offenbar nicht von der – in seinen Augen von der Hand zu weisenden – Prämisse aus, daß es den Führern der im Anmarsch befindlichen Kreuzfahrerheere um Eroberungen für sich selbst zu tun war. Denn nur so ist es verständlich, daß es ihm von Anfang an, das heißt bereits beim Erscheinen des noch relativ bescheidenen Kontingents des französischen Grafen, darum ging, mögliche Eroberungen der Lateiner wieder in den byzantinischen Staatsverband einzugliedern. Den eitlen und ziemlich aufgeblasenen Grafen von Vermandois – so die Einschätzung von des Kaisers Tochter Anna Komnena in ihrer *Alexias*, einem die Taten ihres Vaters verherrlichenden Geschichtswerk, das unsere wichtigste byzantinische Quelle zum Ersten Kreuzzug darstellt – geschickt mit äußerster Zuvorkommenheit behandelnd, gelang es dem Basileus, von diesem die eidliche Zusicherung zu erhalten, daß er alle zukünftigen Eroberungen an die Byzantiner zurückgeben werde. Unklar dabei ist allerdings, ob Alexios nur an die Gebiete dachte, die Byzanz nach der Schlacht von Manzikert 1071 verlorengegangen waren, oder ob er alle ehemaligen byzantinischen Provinzen bis nach Ägypten hin im Auge hatte.

Etwa zeitgleich mit Hugo von Vermandois war Gottfried von Bouillon, der Herzog von Niederlothringen, zum Kreuzzug aufgebrochen. Daraus, daß er einen Teil seiner Güter entweder verkaufte oder verpfändete, hat man oft geschlossen, daß er von Anfang an die Absicht hegte, nie mehr in seine angestammten Lande zurückzukehren. Dem steht allerdings möglicherweise mit Hans Eberhard Mayer entgegen, daß er offenbar nie auf sein Herzogtum verzichtete und dieses folglich auch erst nach seinem Tode von Kaiser Heinrich IV. wieder ausgegeben wurde. Neben einer Reihe mehr oder weniger bedeutender Adliger der Region schlossen sich ihm auch sein jüngerer Bruder Balduin von Boulogne und ein weiterer Verwandter namens Balduin von Bourcq an. Ursprünglich für die kirchliche Laufbahn bestimmt, war ersterer bei einer Erbteilung leer ausgegangen und scheint deshalb von Anfang an die Möglichkeit in Betracht gezogen zu haben, nicht zurückzukehren und statt dessen im Orient sein Glück zu machen; dafür spricht auch, daß er Frau und Kinder mit auf den Kreuzzug nahm. Wie in Clermont vorgesehen, verließ Gottfried Mitte August 1096 mit einem ansehnlichen Heer aus Lothringern und Nordfranzosen die Heimat. Nach Absprache mit König Koloman von Ungarn, der gegen die Stellung von

Gottfrieds Bruder als Geisel die Kreuzfahrer mit Lebensmitteln versorgte, führte der Herzog, mit eiserner Disziplin auf Ordnung haltend, das Heer denn auch ohne nennenswerte Ausschreitungen durch Ungarn und von dort weiter nach Konstantinopel, vor dessen Mauern er kurz vor Weihnachten erschien.

Anders als Hugo von Vermandois war Herzog Gottfried offenbar von tiefem Mißtrauen gegenüber den Byzantinern erfüllt. So schlug er des Kaisers wiederholte Einladungen zu einem Besuch in seinem Palast aus. Auch weigerte er sich beharrlich, den vom Basileus geforderten Eid abzulegen. Alexios versuchte, Gottfried von Bouillon daraufhin unter Druck zu setzen, und sperrte die dringend benötigten Lebensmittelzufuhren für dessen Heer. Dies führte allerdings nur zu schweren Plünderungen in den Vororten. Voller Wut griffen die Kreuzfahrer schließlich auf Gottfrieds Geheiß sogar den kaiserlichen Palast an. Damit war des Kaisers Geduld erschöpft. Er setzte Militär ein, das die Kreuzfahrer zurückschlug und ihnen einige Verluste beibrachte. Daraufhin fügte sich Gottfried und leistete am 20. Januar 1097 den verlangten Eid. Danach wurde er mit den Seinen unverzüglich aus der Nähe der Hauptstadt entfernt und nach Kleinasien übergesetzt.

Als nächstes traf das Kontingent der Normannen aus Süditalien unter der Führung des ehrgeizigen Fürsten Bohemund von Tarent und seines jungen Neffen Tankred am Bosporus ein. War auch der Kreuzzugsaufruf Urbans II. auf der Apenninenhalbinsel zunächst auf wenig Resonanz gestoßen, scheint Bohemund beim Eintreffen der ersten Kreuzfahrer auf italienischem Boden im Herbst 1096 rasch die sich ihm bietenden Möglichkeiten erkannt zu haben, den Kreuzzug für seine Zwecke zu nutzen. Er mochte hoffen, auf Kosten von Byzanz im Orient die Stellung zu erlangen, die ihm als unehelichem Sohn Herzog Robert Guiskards im Normannenreich verwehrt war. Auch waren erst vor kurzem seine auf größeren Machtgewinn abzielenden Feldzüge gegen das Byzantinische Reich an des Kaisers energischem Widerstand gescheitert. Um vermutlich seinen alten Feind gar nicht erst zu verärgern und ihn über seine wahren Absichten im unklaren zu lassen, legte Bohemund Mitte April 1097 den geforderten Eid ohne Umschweife ab – wahrscheinlich von Anfang an in der Absicht, ihn nicht einzuhalten.

Kurz nach Bohemund und seinen Normannen kam auch Graf Raimund von Toulouse mit einem großen Heer aus Provençalen in Konstantinopel an. Obwohl er als mächtigster Dynast im südlichen Frankreich über eine stattliche Zahl von Grafschaften gebot, hatte auch er nicht die Absicht, in die Heimat zurückzukehren. Er überließ all seine Länder seinem Sohn Bertrand und begab sich in Begleitung seiner Gemahlin auf den Kreuzzug. Mit dem von seinem Kaplan und Chronisten Raimund von Aguilers überlieferten Argument, daß er nicht das Kreuz genommen habe, um neben Gott einen anderen Herrn anzuerkennen oder in eines anderen Dienste zu treten, lehnte er nachdrücklich den von Alexios geforderten Eid ab. Erst nach längeren Verhandlungen leistete er einen abgeschwächten Eid, den er allerdings – im Gegensatz zu den anderen Fürsten – dann auch getreulich einhielt.

Inwieweit es sich bei dem von Kaiser Alexios abverlangten Eid tatsächlich um einen Lehnseid westlichen Musters handelte, wie dies Anna Komnenas Bemerkung nahelegt, die Fürsten hätten «den bei den Lateinern üblichen Eid» geschworen, wird in der Forschung heftig diskutiert und ist – da der genaue Wortlaut nicht überliefert ist, sondern aus den verschiedenen Quellen nur erschlossen werden kann – schwer zu entscheiden. Während Ralph-Johannes Lilie nach wie vor die These vertritt, daß die Kreuzfahrer mit Ausnahme des Grafen von Toulouse, der sich lediglich zu einem Sicherheitseid (*securitas*) bereiterklärt habe, «einen vollen Lehnseid unter Einschluss sowohl des Huldigungseids (*homagium*) als auch des Treueids (*fidelitas*)» leisteten, wird dieser Meinung von anderen widersprochen. So gehen etwa John H. Pryor und Hans Eberhard Mayer davon aus, daß ein Lehnsverhältnis nicht entstand, weil die Kreuzfahrer keinen Huldigungseid, sondern nur einen Treueid abgelegt hätten.

Anderthalb Jahre nach dem Aufruf in Clermont hatte sich ein Heer von mehreren zehntausend Kreuzfahrern am Bosporus versammelt. Auch wenn uns über seine Stärke keine verläßlichen Zahlen vorliegen – die diesbezüglichen Angaben der Chronisten, die von mehreren hunderttausend Menschen ausgehen, sind mit Sicherheit alle zu hoch gegriffen –, muß es sich für mittelalterliche Verhältnisse um eine ungewöhnlich große und achtunggebietende Streitmacht gehandelt haben. John France kommt nach vorsichtigen Schätzungen auf eine Gesamtstärke des Heeres von ungefähr 50 000 bis 60 000 Menschen, darunter etwa 7000 Ritter und adlige Herren. Geht man von einem Kräfteverhältnis zwischen Rittern und Fußvolk von eins zu drei aus, würde dies bedeuten, daß man letzteres auf rund 20 000 Mann zu veranschlagen hätte. Hinzu kamen dann für jeden Ritter noch ein bis zwei Knappen sowie eine nicht abzuschätzende Zahl von Nichtkombattanten – Kleriker, Frauen, Kinder und andere. Vermutlich dürfte deshalb, nicht nur, was die Zahl der Ritter angeht, die Gesamtstärke des Heeres noch leicht nach oben zu korrigieren sein.

Alle diese Menschen hieß es aber über Wochen hinweg zu verpflegen. Das heißt, es mußten in ausreichender Menge stets Lebensmittel mitgeführt bzw. ständig durch Zukauf – oder durch Plünderungen – ergänzt werden. Zu deren Transport sowie zu dem von Waffen, Zelten und anderen Ausrüstungsgegenständen bedurfte es eines ansehnlichen Trosses von Wagen und Karren samt der dazugehörigen Saumtiere. Stellte schon die Ernährung der zahlreichen Menschen eine kaum zu bewältigende Aufgabe dar, kam als weiteres gravierendes Problem – wie Hartmut Jericke in anderem Zusammenhang eindrucksvoll nachgewiesen hat – die Versorgung der vielen Pferde hinzu. Geht man davon aus, daß jeder Ritter über drei Pferde verfügte – ein Tier für den Marsch, ein Ersatzpferd und ein Streitroß –, käme man bereits auf eine Zahl von über 20 000 Pferden. Da jeder Ritter zudem vermutlich in Begleitung eines oder gar zweier berittener Knappen aufgebrochen war, muß man noch einmal, vorsichtig geschätzt, 15 000 bis 20 000 Pferde dazuzählen. Rechnet man jetzt noch eine ungefähre Zahl von 10 000 Saumtieren hinzu, würde dies bedeuten, daß die Kreuzfahrer über rund 50 000 Pferde verfügten. Unterstellt man eine Zufütterung von nur drei Kilogramm Hafer bzw. Heu pro Tag, hieße das, daß der Tagesbedarf aller Tiere bei 150 000 Kilogramm, also 150 Tonnen, gelegen hätte.

Die Führer des Ersten Kreuzzuges hatten eine beachtliche Leistung allein mit der Aufstellung und Ausrüstung eines Heeres von solcher Größe erbracht. Ein logistisches Meisterstück war es indes, diese Truppen und den dazugehörigen Troß angesichts der angedeuteten Probleme und der damaligen schwierigen Straßenverhältnisse über hunderte, ja tausende von Kilometern aus ihren jeweiligen Heimatländern bis nach Konstantinopel zu führen. Solange die Kreuzfahrer noch auf völlig unterschiedlichen Routen anmarschierten und sich zudem noch auf «befreundetem», sprich christlichem Terrain bewegten, waren die großen Schwierigkeiten noch halbwegs zu bewältigen. Vor allem auf byzantinischem Territorium und in der Nähe der Hauptstadt Konstantinopel spielte dabei Kaiser Alexios eine nicht zu unterschätzende Rolle, indem er die Kreuzfahrer in einem großen finanziellen und organisatorischen Kraftakt weitgehend mit allem Notwendigen versorgte. Schier unmöglich zu bewältigen wurden die logistischen Probleme jedoch in dem Augenblick, als die Kreuzfahrer sich anschickten, unter ständigen Kämpfen durch Feindesland zu ziehen.

Das erste Angriffsziel der Kreuzfahrer war, in Übereinstimmung mit Kaiser Alexios, das strategisch wichtige Nikaia. Die seit der Spätantike stark befestigte Stadt lag unweit des Marmarameeres am Ostufer des Askanischen Sees (heute İznik Gölü) und war bis vor kurzem eine der größten Städte des Byzantinischen Reichs gewesen. Erst 1081 war sie in die Hände der Rumseldschuken gefallen, die sie zur Hauptstadt ihres Reiches machten. Durch Nikaia verlief die wichtige, von Konstantinopel über Nikomedeia herkommende Straße nach Dorylaion (nördlich des heutigen Eskişehir). Durch Kappadokien und Kilikien führte sie weiter nach Syrien und Palästina. Für Kaiser Alexios bedeutete die Eroberung der durch zwei ökumenische Konzilien bekannten Stadt einen wichtigen Schritt hin zur Rückgewinnung des westlichen Anatoliens.

Unterstützt von byzantinischem Militär und beraten von dessen Offizieren, nahmen die Kreuzfahrer Anfang Mai 1097 die Belagerung der Stadt auf. Der Zeitpunkt war insofern günstig gewählt, als Sultan Kılıç Arslān mit dem Gros seines Heeres im westlichen Armenien stand, wo er mit der turkmenischen Dynastie der Dānišmandiden im Streit um die Stadt Melitene (heute Malatya) lag. Vermutlich hatte er nach seinen Erfahrungen mit den undisziplinierten und schlecht bewaffneten Horden Peters des Einsiedlers und seiner Genossen die von den herannahenden Europäern ausgehende Gefahr völlig unterschätzt. Als er jetzt zur Rettung seiner Hauptstadt herbeieilte, wurde er am 21. Mai von den Kreuzfahrern geschlagen und mußte sich wieder zurückziehen. Die Belagerung Nikaias wurde fortgesetzt, wobei der Basileus wesentliche Unterstützung dadurch leistete, daß er in der Zwischenzeit Schiffe über Land in den Askanischen See hatte schleppen lassen, die nun den Ring um die Stadt schlossen und fürderhin eine Versorgung über den bis dahin offenstehenden Wasserweg unmöglich machten. Ohne Hoffnung auf Entsatz und Hilfe von außen war die Situation der Belagerten aussichtslos geworden. Um einer Aushungerung oder gar blutigen Eroberung durch die Kreuzfahrer zuvorzukommen, kapitulierte der seldschukische Befehlshaber daher nach Geheimverhandlungen am 19. Juni vor dem kaiserlichen Admiral. Alexios Komnenos konnte zufrieden sein: Ohne nennenswerte Zerstörungen war Nikaia wieder byzantinisch geworden; zudem war der dort aufbewahrte Staatsschatz des Sultans in seine Hände gefallen. Die Kreuzfahrer beschenkte er zwar reich, verwehrte ihnen aber aus Angst vor Plünderungen und Exzessen den Zutritt zur Stadt. Diese sahen sich dadurch um die erhoffte Beute geprellt und fühlten sich von den Griechen hintergangen. In der Folgezeit stellte dieser «Verrat» eine zusätzliche Belastung für das ohnehin von gegenseitigem Mißtrauen geprägte Verhältnis zwischen Byzantinern und Kreuzfahrern dar.

Trotz allem war es ein erster Erfolg für die Kreuzfahrer, die nun zuversichtlich der Zukunft entgegensahen. So schrieb Graf Stephan von Blois in einem Brief an seine Gemahlin Adelheid, daß er nun hoffe, in fünf Wochen in Jerusalem zu sein, falls man nicht – wie er klug vorausschauend hinzufügte – vor Antiochia aufgehalten werde. Aber selbst bis dahin war es noch ein weiter Weg.

Am 26. Juni brachen die Kreuzfahrer von Nikaia auf. Ihr nächstes Ziel war Dorylaion, da von dort aus mehrere Straßen durch Anatolien abzweigten. Vermutlich aus Versorgungsgründen marschierte das Heer in zwei Abteilungen. Die erste aus süditalienischen und nordfranzösischen Normannen sowie den Aufgeboten der Grafen von Blois und von Flandern stand unter dem Befehl Bohemunds von Tarent. Begleitet wurde diese Abteilung von einem byzantinischen Kontingent unter dem erfahrenen General Tatikios. Die übrigen Kreuzfahrer unter Raimund von Toulouse und Gottfried von Bouillon folgten wohl im Abstand eines Tages. Am Abend des 30. Juni schlug die erste Heeresabteilung in der Ebene bei Dorylaion unweit eines Feuchtgebietes ihr Lager auf.

Kılıç Arslān hatte nach der Schlappe von Nikaia sein Heer inzwischen neu geordnet und weiteren Zuzug aus dem Osten erhalten. Als er, in einem Tal verborgen, die Marschkolonnen Bohemunds von Tarent erblickte, glaubte er vermutlich, das gesamte Heer der Kreuzfahrer vor sich zu sehen. In den frühen Morgenstunden des 1. Juli ließ der Sultan daher seine wohl zahlenmäßig weit überlegene Armee vorrücken. Auch wenn den Rittern aus dem Abendland nach Anna Komnenas bissiger Einschätzung jegliche «strategische Disziplin und Feldherrenkunst» abging, tat Bohemund, vielleicht klug beraten von Tatikios, das einzig Richtige: Er befahl seinen Rittern, abzusitzen und mit dem Fußvolk, unter dem auch Bogenschützen waren, eine für angreifende Reiter nur schwer zu durchbrechende Phalanx zu bilden. Das Lager mit Zelten, Vorräten, Tieren und Nichtkombattanten wurde in die Mitte genommen. Mit dem Kriegsruf *Allāhū akbar* – «Gott ist groß!» (von dem Chronisten Radulf von Caen einmal nach Gehör mit *Allachibar* wiedergegeben), der in den Ohren Fulchers von Chartres wie «wildes Wolfsgeheul» klang, preschten die Seldschuken heran. Welle auf Welle herangaloppierend, ließen sie, aus sicherer Entfernung vom Pferderücken aus schießend, immer neue Pfeilsalven auf ihre Gegner niedergehen, denen «diese Art von Kriegführung» – wie Fulcher von Chartres bemerkt – völlig fremd war. Der ständige Pfeilregen forderte zahlreiche Opfer an Menschen und Tieren und stiftete zudem erhebliche Unordnung – man denke nur an die Schreie der Getroffenen und an die verwundeten Pferde, die wohl wild umherstoben und kaum noch zu bändigen gewesen sein dürften. Gleichwohl gelang es Bohemund und Tatikios lange Zeit, die Schlachtordnung aufrechtzuerhalten. Die Frauen im Heer der Kreuzfahrer waren in dieser Situation eine große Hilfe, indem sie die Kämpfenden und Erschöpften mit Wasser versorgten und ihnen Mut zusprachen, wie der anonyme Autor der *Gesta Francorum* berichtet. Trotzdem wurde die Lage der Eingekesselten, die sich laut Fulcher von Chartres wie Schafe in einem Pferch zusammengedrängt fühlten, immer kritischer. Panik machte sich schließlich breit, als es einigen Seldschuken gelang, bis zum Lager durchzubrechen und dort alles niederzuhauen, was ihnen vor das Schwert kam. Rettung wurde den Eingeschlossenen zuteil, als endlich – von Eilboten dringend herbeigerufen – die zweite Heeresabteilung der Kreuzfahrer auf dem Plan erschien. Zudem war es Bischof Adhémar von Le Puy gelungen, mit einem Trupp Berittener die Seldschuken zu umgehen und in deren Rücken aufzutauchen. Verwirrung machte sich jetzt auf seiten der Türken breit. Gott preisend und im Vertrauen auf den Sieg des Kreuzes gingen die Kreuzfahrer – nicht ohne sich gegenseitig an die im Fall eines Sieges winkende Beute zu erinnern – nun ihrerseits zum Angriff über. Die völlig überraschten Türken vermochten trotz anfänglich noch heftiger Gegenwehr der geballten Attacke der Panzerreiter aus dem Westen nicht standzuhalten und wandten sich endlich zur Flucht. Bei der Verfolgung fiel den Kreuzfahrern das aufgegebene türkische Heerlager mit all seinen Schätzen als willkommene Beute in die Hände. Dennoch tief beeindruckt von dem Mut und der militärischen Tüchtigkeit des Gegners vermerkte der Autor der *Gesta Francorum*, daß – wenn die Türken doch nur Christen wären – man keine besseren und tapfereren Krieger als sie fände.

Nicht zuletzt dank byzantinischer Unterstützung – was zu oft übersehen wird – hatten die Kreuzfahrer einen beachtlichen

Sieg errungen. Damit stand ihnen fürs erste der Weg durch Anatolien offen. Die kürzeste und direkteste Route hätte noch tiefer hinein ins feindliche Landesinnere und quer durch die Salzwüste geführt. Vermutlich beraten von den ortskundigen Byzantinern, wählte man statt dessen den längeren Weg, der südlich der Wüste verlief. In den ersten Julitagen traten die Kreuzfahrer den Weitermarsch an. Dabei zeitigte der Ruf, der ihnen und den Horden des Volkskreuzzuges ob ihres barbarischen Verhaltens vorauseilte, seine bitteren Auswirkungen. Nicht nur, daß Kılıç Arslān bei seinem Rückzug nach Osten Brunnen unbrauchbar machte und weithin verbrannte Erde hinterließ, auch die verängstigte und feindlich eingestellte Bevölkerung verweigerte jede Zusammenarbeit mit den Europäern. Niemand stellte sich ein, der ihnen Lebensmittel, welcher Art auch immer, verkauft hätte. Wenn uns auch diesbezügliche seldschukische Quellenaussagen fehlen, muß man doch davon ausgehen – und darauf ist mit Nachdruck hinzuweisen –, daß die Ablehnung und Feindseligkeit der ansässigen Bevölkerung sich nicht darauf gründete, daß die Kreuzfahrer Christen waren, sondern brutale, fremde Eindringlinge – ein Faktum, das für die Kreuzzugsgeschichte auch in Syrien und Palästina weithin bestimmend werden sollte.

Für die Kreuzfahrer stellte sich die Situation dramatisch dar. Sie mußten bei sengender Sommerhitze ein weithin ödes und verwüstetes Land durchqueren, in dem es nichts zu kaufen und fast nichts mehr zu plündern gab. Dadurch wurde es schier unmöglich, ein Heer dieser Größenordnung mit all seinen Tieren und Menschen auch nur annähernd zu versorgen. Überall fehlte es an Wasser, Nahrungs- und Futtermitteln. Zahlreiche Menschen starben entkräftet, verhungert, verdurstet. Der größte Teil der Pferde verendete; manche Ritter benutzten gar Ochsen als Reittiere. Trotzdem gelang es den Kreuzfahrern Ende August abermals, ein muslimisches Heer zu schlagen, das sich ihnen bei Herakleia (heute Ereğli) entgegenstellte.

Von hier aus führte eine Paßstraße, die sogenannte Kilikische Pforte, über das Taurusgebirge hinunter nach Tarsus und von dort über das Amanos-Massiv in das Orontestal. Dies wäre der direkteste Weg nach Antiochia (heute Antakya) gewesen. Aber die fruchtbare Kilikische Ebene befand sich in türkischer Hand, und zudem waren beide Paßstraßen so eng und steil, daß sie für ein größeres Heer mit schwerfälligem Troß kaum gangbar und von nur wenigen Feinden leicht zu sperren waren. Balduin von Boulogne, Balduin von Bourcq und Bohemunds Neffe Tankred ließen sich davon nicht abschrecken. Mit einem kleinen Kontingent wagten sie Anfang September, den Taurus zu überqueren und in die Kilikische Ebene vorzustoßen.

Das Gros des Heeres bog indes scharf nach Norden ab und wählte den Weg über Kaisareia (heute Kayseri). Wenn auch wesentlich länger, hatte diese Route den Vorteil, daß sie auf einer alten byzantinischen Heerstraße durch das Gebiet armenischer Fürsten führte, die alle mehr oder weniger den Kaiser in Konstantinopel als ihren nominellen Herrn anerkannten. Hier durfte man mit einem freundlichen Empfang und Unterstützung durch die christliche Bevölkerung hoffen. Von Kaisareia aus folgten die Kreuzfahrer der Straße weiter nach Südosten. Beim heutigen Göksun schickten sie sich an, den Anti-Taurus zu überqueren. Diese Paßstraße in Richtung Germanikeia (heute Maraş) war weniger steil und wesentlich breiter als jene, die Balduin und Tankred gewählt hatten. Doch inzwischen war es Oktober geworden und damit der Weg durch die vermutlich einsetzenden Regen- und Schneefälle schier unpassierbar. Nach Zeugnis der *Gesta Francorum* muß die Überquerung der Amanos-Pforte eine einzige Qual für Mensch und Tier gewesen sein. Zahlreiche Reitpferde und Saumtiere glitten aus und stürzten in die Tiefe. Um sichereren Tritt zu haben, hätten viele Ritter ihre schweren Rüstungen verkauft oder einfach fortgeworfen. Als man endlich von den «verfluchten Bergen» kam (*exeuntes igitur de exsecrata montana*), erreichte man das armenische Germanikeia. Von den dortigen Christen wurden die Kreuzfahrer angeblich auf das freudigste begrüßt und mit allem Lebensnotwendigen versehen. Nach einer kurzen Rast brach das Heer von hier aus Mitte Oktober auf und stand am 20. Oktober vor den Mauern Antiochias.

Inzwischen waren Balduin von Boulogne und Tankred in Kilikien eingefallen und hatten dort den Türken die Städte Tarsus, Adana und Mamistra (heute Misis) entrissen. Keiner von beiden dachte daran, die Eroberungen dem byzantinischen Kaiser zurückzugeben, wie dies ihrem Eid entsprochen hätte. Wohl aber kam es zwischen den beiden ehrgeizigen Männern zu offenen Konflikten, in deren Verlauf Balduin sogar einmal auf den Mauern von Tarsus tatenlos zusah, wie draußen an die dreihundert Normannen, die man vom Hauptheer zur Unterstützung Tankreds geschickt hatte, von Türken niedergemacht wurden. Tankred verließ schließlich erbost Kilikien und zog an der Küste entlang nach der Hafenstadt Alexandretta (heute İskenderun). Mit Hilfe eines die dortigen Gewässer unsicher machenden Piraten namens Guynemers von Boulogne eroberte er die Stadt, um sich danach wieder dem Hauptkontingent der Kreuzfahrer vor Antiochia anzuschließen.

Auch Balduin hatte es nicht in Kilikien gehalten. Über Germanikeia, wo er auf das Gros des Heeres traf und seine Gemahlin zu Grabe trug, wandte er sich weiter nach Osten. Mit gerade einmal etwa hundert Rittern bemächtigte er sich der westlich des Euphrat gelegenen Festungen Ravendel (ar-Rāwandān) und Turbessel (Tall Bāšir). Unterstützung erfuhr er von der christlich-armenischen Bevölkerung dieser Landstriche, die in ihm offenbar den Befreier von der türkischen Herrschaft sahen. Jenseits des Euphrat residierte in Edessa (heute Urfa) der armenische Fürst Thoros. In der Hoffnung, sich der seldschukischen Hegemonie entziehen zu können, rief er Balduin zu Hilfe. Im Februar 1098 traf dieser mit nur achtzig Rittern in Edessa ein und ließ sich wenig später von dem kinderlosen Fürsten durch Adoption zum Mitregenten und Nachfolger erheben. Als es im März in Edessa zu einem Aufstand gegen den bei seiner Bevölkerung wenig beliebten Thoros kam, rührte Balduin indes keinen Finger zu dessen Rettung: Er sah vielmehr tatenlos zu, als man Thoros erschlug. Als vermeintlicher Retter und Befreier von der türkischen Herrschaft zunächst noch allseits beliebt, bestieg Balduin den Thron und nannte sich hinfort Graf von Edessa. Die erste Kreuzfahrerherrschaft im Nahen Osten war errichtet.

Das Hauptheer der Kreuzfahrer indes schickte sich im Oktober 1097 an, Antiochia zu belagern. Die seit der Antike bedeutsame und immer noch große Stadt stellte mit ihren mächtigen Mauern aus der Zeit Kaiser Justinians (527–565) ein nur schwer einzunehmendes Bollwerk dar. Außerdem wurde sie von einer gewaltigen Zitadelle geschützt. So hatten denn auch die Byzantiner nach dem Zusammenbruch ihrer Herrschaft im Osten 1071 Antiochia zunächst noch halten können. Erst durch den Verrat des letzten armenisch-byzantinischen Gouverneurs Philaretos war sie 1084 in die Hände der Seldschuken gefallen. Im Jahr 1086 wurden schließlich ganz Nordsyrien und Nordmesopotamien von Sultan Malikšāh (1072–1092) erobert und in das seldschukische Großreich integriert. Die dort gelegenen Metropolen wurden entweder Angehörigen des herrschenden Familienclans oder zuverlässigen Würdenträgern zur Verwaltung übertragen. Zum Gouverneur Antiochias wurde der Emir Yaġī Siyān ernannt.

Auch wenn Malikšāh das Herrschaftssystem in den genannten Landstrichen verändert hatte, war doch in den wenigen Jahren der seldschukischen Regierung noch kein grundlegender Wandel in der Bevölkerungsstruktur eingetreten. Den größten Bevölkerungsanteil stellten in vielen Regionen nach wie vor Griechen, Syrer und Armenier – sie allesamt Christen. Viele von ihnen wünschten deshalb die byzantinische Herrschaft zurück oder hatten auch gegen eine solche der aus dem Westen kommenden Kreuzfahrer nichts einzuwenden, zumal man in ihnen vielerorts Verbündete des Basileus sah. Von besonderer Bedeutung waren die Armenier, die selbst stolz auf eine große Vergangenheit zurückblickten. Sie haßten indes die Byzantiner, da diese sie seit Kaiser Basileios II. (976–1025) weitgehend ihrer Unabhängigkeit beraubt und unter ihre Oberhoheit gezwungen hatten. So sahen sie sich zwischen Byzantinern und Seldschuken gleichermaßen zerrieben.

Aus all dem resultiert, daß die autochthone christliche Bevölkerung im nördlichen Syrien und in Nordmesopotamien in den Kreuzfahrern, durch die sie im allgemeinen keine Verfolgung zu leiden hatte, nur beschränkt fremde und verhaßte Eindringlinge und Eroberer sah – wie dies im mittleren und südlichen Syrien oder in Palästina mit seinen überwiegend muslimischen Einwohnern, die nicht nur unterjocht, sondern auch zu Opfern von Massakern wurden, während der gesamten Kreuzfahrerzeit der Fall sein sollte. Mittel- und längerfristig hatte diese Situation im Norden zur Folge, daß die Eroberer bei der Errichtung und Konsolidierung ihrer dortigen Herrschaften – der Grafschaft Edessa und des Fürstentums Antiochia – auf weniger Widerstand und während ihres Bestehens auf größere Akzeptanz in der Bevölkerung stießen.

Schon beim Herannahen der Kreuzfahrer kam es deshalb verschiedentlich im Umland von Antiochia seitens der einheimischen Christen zu Pogromen an der muslimischen Bevölkerung; kleinere seldschukische Garnisonen wurden niedergemetzelt. Begünstigt wurden diese Ausschreitungen und Unabhängigkeitsbestrebungen dadurch, daß beim Erscheinen der Kreuzfahrer die von Malikšāh gegründete Ordnung schon wieder der Vergangenheit angehörte. Der von einem starken Sultan regierte einheitliche Seldschukenstaat war zur Fiktion geworden. Vielen regionalen Fürsten, die sich zudem untereinander argwöhnisch beobachteten oder gar in offenen Konflikt miteinander gerieten, war es gelungen, sich der Kontrolle durch Bagdad mehr oder weniger zu entziehen – so etwa Riḍwān von Aleppo (1095–1113) oder Duqāq von Damaskus (1095–1114), beides Söhne von Malikšāhs Bruder Tutuš. Eine Folge dieser Uneinigkeit war, daß sie auf die – von ihnen zudem falsch beurteilten und völlig unterschätzten – Kreuzfahrer nur halbherzig und spät, vor allem aber nicht gemeinsam reagierten.

Als das Heer der Kreuzfahrer sich vor Antiochia versammelt hatte, wurde zunächst über das weitere Vorgehen beratschlagt. Graf Raimund von Toulouse sprach sich für einen sofortigen Sturmangriff aus, der vielleicht angesichts des Überraschungsmoments sogar zum Erfolg hätte führen können. Sein Rat drang aber nicht durch. Obwohl man die große Stadt gar nicht ganz einzuschließen vermochte, verlegte man sich statt dessen auf eine langwierige Belagerung, die bis in den Juni des folgenden Jahres dauern sollte.

Als der Winter mit Kälte und Regenfällen kam, stellte sich eine gravierende Lebensmittelknappheit ein, die im Laufe der Zeit immer dramatischere Formen annahm. Viele starben Hungers, vor allem die Ärmeren, welche die inflationären Preise für Nahrung nicht mehr bezahlen konnten. Angesichts dessen soll es sogar zu Fällen von Kannibalismus gekommen sein. Da die Umgebung der Stadt nichts mehr an Lebens- und Futtermitteln hergab, mußte zum Fouragieren immer weiter ins Land vorgestoßen werden. Aber nicht nur Hunger und Krankheiten forderten ihren Tribut; auch Fälle von Desertionen häuften sich. Hohe Verluste an Menschen und Pferden durch ständige Kampfhandlungen gesellten sich hinzu: Immer wieder unternahmen die belagerten Türken Ausfälle gegen die Kreuzfahrer, die, wie Raimund von Aguilers an dieser Stelle interessanterweise in seine Darstellung einflicht, von diesen als «Franken» bezeichnet wurden. Damit gibt er genau den Begriff *al-franğ* bzw. *al-ifranğ* wieder, der sich seit längerem in der arabischen Sprache als Bezeichnung für die Europäer eingebürgert hatte und der deshalb auch Eingang in die moderne Forschung fand. Zudem sahen sich die Belagerer mit zwei für sie gefährlichen Entsatzversuchen muslimischer Fürsten konfrontiert. Trotz zahlenmäßiger Unterlegenheit gelang es den Kreuzfahrern, im Dezember 1097 ein von Damaskus heranziehendes Heer zu schlagen und im Februar 1098 ein solches, das Riḍwān von Aleppo in Marsch gesetzt hatte. Im Zusammenhang mit diesen Schlachten verdanken wir Raimund von Aguilers auch den wertvollen Hinweis darauf, daß die Muslime stets auf ihre bewährte Kriegstaktik gesetzt hätten, die darauf abzielte, mit ihrer leichter bewaffneten Reiterei zunächst den Kampf Mann gegen Mann zu vermeiden und statt dessen den Gegner einzukreisen und ihn mit Pfeilen nachhaltig zu schwächen, ehe man mit ihm handgemein wurde.

Diese Siege änderten jedoch nichts an der fatalen Lage der Kreuzfahrer. Antiochia war weder im Sturm noch durch Belagerung zu bezwingen. Schließlich griff Bohemund – unter der Bedingung, daß man ihm als Lohn für seine Initiative die Stadt überlassen werde – zu einer List. Mit Hilfe eines Verräters, zu dem der Fürst seit längerem in Kontakt stand, konnten die Kreuzfahrer am 3. Juni 1098 in die Stadt eindringen. Die überrumpelte Garnison und die Einwohner wurden zu Tausenden erschlagen und die Stadt von den rasenden Eroberern gründlich geplündert. Antiochia war wieder eine «christliche» Stadt. Von einer Rückgabe an den byzantinischen Kaiser war auch hier keine Rede mehr.

Die Kreuzfahrer konnten sich jedoch ihres blutigen Sieges nicht lange erfreuen. Von Mosul zog der Emir Karbuġā mit einer großen seldschukischen Armee heran. Sich ihm in offener Feldschlacht zu stellen, wagten die erschöpften Kreuzfahrer nicht und verschanzten sich hinter den festen Mauern Antiochias. Aus Angreifern waren selbst Belagerte geworden. Als unmißverständliches Zeichen göttlichen Beistands mußte es deshalb erscheinen, als ein gewisser Peter Bartholomäus – nachdem ihm nachts der heilige Andreas erschienen war, um ihm den rechten Ort zu weisen – am 14. Juni in der St. Peters-Kathedrale die sogenannte Heilige Lanze fand, mit der dem Gekreuzigten in die Seite gestochen worden war. Auch wenn Bischof Adhémar von Le Puy der Sache keinen rechten Glauben schenkte, hob doch dieses «Wunder» die Stimmung im christlichen Heer beträchtlich. Solchermaßen göttlicher Unterstützung gewiß, machten die Kreuzfahrer am 28. Juni einen Ausfall und griffen das weit überlegene Heer Karbuġās an. Obwohl ein erfahrener Kriegsmann, versagte des Emirs Feldherrenkunst an diesem Tag. Auch wurde er von seinen Verbündeten, die ihn ob seiner Macht mißtrauisch beäugten und ihm deshalb nur widerwillig Hilfe leisteten, wie der Emir Duqāq aus Damaskus, schmählich im Stich gelassen. Die Folge war, daß Karbuġā vernichtend geschlagen wurde und fliehen mußte. Die Kreuzfahrer hatten einen vollständigen Sieg errungen; außerdem war ihnen im aufgegebenen feindlichen Heerlager eine riesige Beute in die Hände gefallen. Von nun an wagte sich den Abendländern auf ihrem Weg nach Jerusalem niemand mehr in den Weg zu stellen.

Doch zunächst war an einen Weitermarsch nicht zu denken. Zu erschöpft war das Heer, und man beschloß deshalb, erst im Winter weiterzuziehen. In der Zwischenzeit wurden indes einige kleinere Eroberungen gemacht. Im Oktober wurde al-Bāra eingenommen. Obwohl die Stadt sich kampflos ergab, wurde ihre muslimische Bevölkerung entweder getötet oder versklavt und schließlich ein lateinischer Bischof eingesetzt. Damit war der Grundstein für eine eigene, nicht orthodoxe Kirchenorganisation in den Kreuzfahrerstaaten gelegt. Der Eroberung al-Bāras folgte im Dezember diejenige von Ma'arrat an-Nu'mān, wo die Kreuzfahrer erneut ein Massaker anrichteten. Nach Darstellung des – freilich nicht selbst anwesenden – Chronisten Albert von Aachen sollen sich dort die hungernden Kreuzfahrer aus Not wieder des Kannibalismus schuldig gemacht haben.

Mittlerweile war bereits am 1. August 1098 Bischof Adhémar von Le Puy einer vor Antiochia wütenden Seuche erlegen. Mit dem päpstlichen Legaten war ein Mann des Ausgleichs gestorben, der es immer wieder verstanden hatte, zum Nutzen des Ganzen die häufig zerstrittenen Fürsten zu Kompromissen zu bewegen. Nach seinem Tode traten die unterschiedlichen Interessen immer schärfer hervor, vor allem zwischen Normannen und Provençalen. Bohemund wollte seine Stadt Antiochia nicht verlassen, während ein Großteil des Heeres auf einem Weitermarsch bestand und Raimund von Toulouse die Führung anbot. Am 13. Januar brachen schließlich die Kreuzfahrer von Ma'arrat an-Nu'mān aus in Richtung Jerusalem auf, wobei ihnen Raimund von Toulouse eine gewisse Strecke im Pilgergewand barfuß voranschritt. Ihr Heer war nach vorsichtigen Schätzungen von John France inzwischen auf etwa 14 000 kampffähige Männer zusammengeschmolzen, darunter ungefähr 1500 Ritter. Auch wenn sich hinsichtlich der Nichtkombattanten keine auch nur halbwegs verläßlichen Zahlenangaben machen lassen, dürften die Verluste unter diesen noch wesentlich höher gelegen haben.

Raimund brach allerdings nicht mit dem ganzen Heer auf. Bohemund beharrte darauf, in Antiochia zu bleiben, und Gottfried von Bouillon und Graf Robert von Flandern sahen es für nicht mit ihrer Würde vereinbar an, sich Raimund unterzuordnen. Gleichwohl folgten sie später nach und schlossen sich dem Hauptheer unterwegs wieder an. An Šaizar und Ḥamāh vorbeiziehend, marschierten die Kreuzfahrer zunächst nach Rafanīya.

Dort bogen sie zur Küste hin ab, an der sie über Tripolis, Beirut, Akkon und Cäsaräa entlang nach Arsūf zogen, wo sie sich wieder ins Landesinnere wandten. Eingedenk ihrer politischen wie militärischen Schwäche beeilten sich überall die kleineren muslimischen Stadtherren, sich für neutral zu erklären und gegen gutes Geld freizukaufen. Auch die Fürsten von Ḥamāh, Ḥimṣ und selbst von Damaskus ließen sich angesichts der vor Antiochia gezogenen Lehren auf keinen Schlagabtausch ein. Vielleicht sahen es all diese dem sunnitischen Islam anhängenden Fürsten nicht einmal ungern, daß die Kreuzfahrer auf ihrem Zug nach Palästina tief in das Gebiet der verhaßten schiitischen Fatimiden vorstießen. Somit unbehelligt geblieben, standen die Kreuzfahrer am 7. Juni 1099 vor den Mauern der Heiligen Stadt.

Aufgrund seiner natürlichen Lage, seines Mauerrings und der mächtigen Zitadelle war Jerusalem noch immer eine beeindruckende Stadt und vor allem eine starke Festung. Allerdings hatte es im 11. Jahrhundert schon viel von seinem einstigen Glanz aus der Spätantike und den Tagen der Omayyaden verloren. Sicher nicht von ungefähr war denn auch das küstennahe und klimatisch günstiger gelegene ar-Ramla unter den Fatimiden das Verwaltungszentrum Palästinas und Akkon deren wichtigster militärischer Stützpunkt.

Jerusalem galt zwar auch dem Islam als heilige Stätte, das heißt aber nicht, daß man der Stadt im Vorderen Orient des Jahres 1099 eine besonders hervorragende Bedeutung beigemessen hätte – ebensowenig wie Mekka oder Medina. Politisch, wirtschaftlich und kulturell spielten die wesentlich bevölkerungsreicheren Metropolen Kairo, Damaskus und Bagdad eine sehr viel größere Rolle. Seine überragende Bedeutung für die nächsten zwei Jahrhunderte – und in gewisser Weise bis heute – erhielt Jerusalem erst durch die Geschehnisse am 15. Juli 1099, als die Kreuzfahrer die Stadt für die Christenheit eroberten.

Einen ersten Sturmangriff hatten die Kreuzfahrer in ihrer regelrechten religiösen Verzückung, endlich am Ziel ihres langen Marsches angekommen zu sein, übereilt am 13. Juni – knapp eine Woche nach ihrer Ankunft – unternommen. Er scheiterte kläglich, da sie nicht über genügend Sturmleitern und anderes Belagerungsgerät verfügten. Diesbezügliche Abhilfe brachte ein kleines christliches Geschwader von sechs Schiffen, unter anderem aus Genua, das am 17. Juni in den Hafen von Jaffa einlief. Dieses hatte wichtige Materialien für die Herstellung von Belagerungsmaschinen, wie Seile, Nägel und dergleichen, an Bord. Das nötige Bauholz mußte allerdings aus größerer Entfernung herbeigeschafft werden, nämlich aus den damals noch existierenden Wäldern bei Samaria. Der Bau der Belagerungsmaschinen ging indes nur langsam voran, und das Heer begann unter Sommerhitze und Wassermangel zu leiden. Strategisch klug hatte der fatimidische Stadtkommandant auf die Nachricht vom heranrückenden Heer der Christen nämlich nicht nur Jerusalem in Verteidigungszustand setzen, sondern auch die Brunnen und Wasserstellen der Umgebung unbrauchbar machen lassen. Die Lage spitzte sich weiter zu, als bekannt wurde, daß von Ägypten ein Heer zum Entsatz der Stadt im Anzug sei. Wie bereits in Antiochia kamen in dieser Situation wieder die himmlischen Mächte ins Spiel: Gemäß der in einer Vision an einen gewissen Peter Desiderius ergangenen Weisung, fastete das Heer eine Woche lang und unternahm dann, geläutert und voller Inbrunst – unter dem Spott der ob des eigentümlichen Schauspiels erstaunten Verteidiger – barfüßig eine Prozession um die Stadtmauern. Im Anschluß daran versammelte sich das Heer auf dem Ölberg, wo es andächtig den anfeuernden Worten Peters des Einsiedlers und anderer Prediger lauschte.

Nach einer entbehrungsreichen Belagerung von rund fünf Wochen begann am späten Abend des 13. Juli der vorbereitende Angriff. Unter ständigem Beschuß der Verteidiger, die Steinschleudermaschinen und Griechisches Feuer einsetzten, machten sich die Kreuzfahrer im Verlauf des folgenden Tages daran, die Gräben vor der Stadtmauer zuzuschütten, um ihre Belagerungstürme heranbringen zu können. Am Freitag, dem 15. Juli 1099 – am Festtag der Aussendung der Apostel, wie christliche Chronisten ausdrücklich vermerken – gelang es den Männern Gottfrieds von Bouillon, einen Turm so in Stellung zu bringen, daß man von ihm aus eine Brücke auf die Mauerkrone herablassen konnte. Dicht gefolgt von Tankred und seinen Leuten stürmten Gottfried und die Lothringer auf die Mauer. Anderen gelang es jetzt auch, mit Sturmleitern hinaufzugelangen. Der Rest des Heeres drang mit dem Ruf «Gott hilf!» (*adiuva Deus*) durch die mittlerweile von innen geöffneten Tore in die Stadt ein, alles niedermetzelnd, was sich ihnen in den Weg stellte. Allgemeine Panik griff nun um sich und ließ wohl die Verteidigung im großen und ganzen zusammenbrechen, was jedoch nicht heißt, daß sich die Muslime allesamt wie wehrlose Lämmer hätten abschlachten lassen. Entgegen landläufiger Meinung scheinen sich vielmehr vereinzelt ägyptische Truppenteile noch heftige Gefechte mit den Eroberern geliefert zu haben. Dies legen zumindest die Berichte des sogenannten Anonymus und Raimunds von Aguilers nahe. Der fatimidische Gouverneur Iftiḫār ad-Daula hatte sich kurz nach der Erstürmung der Stadt in der besser zu verteidigenden Zitadelle, dem Davidsturm, verschanzt. Als er den Kampf für offenbar verloren hielt, trat er in Verhandlungen ein. Unter der Bedingung freien Abzugs ergab er sich Raimund von Toulouse, der dadurch kampflos und ohne weitere Verluste in den Besitz der wichtigen Festung kam. Ungehindert konnten Iftiḫār ad-Daula und seine Männer die Stadt verlassen und sich nach Askalon zurückziehen.

Inzwischen war das Massaker an den Muslimen und Juden in vollem Gange. Mordend und plündernd zogen die Kreuzfahrer durch die Stadt, um sich, noch ehe ihr blutiges Werk vollendet war, als fromme Pilger zum Dankgebet in der Grabeskirche einzufinden. Ebenso grauenvoll war das Schicksal der Juden Jerusalems: Viele wurden wohl unterschiedslos im Kampfgetümmel niedergemacht, ein Teil von ihnen – wenn auch nicht alle, wie dies der Damaszener Chronist Ibn al-Qalānisī suggeriert – in einer Synagoge verbrannt, während sich die wenigen Übriggebliebenen freikaufen lassen konnten. Auch erwiesen sich die Kreuzfahrer als geschäftstüchtig genug, die jüdische Bibliothek zu verschonen und über dreihundert Handschriften nebst acht Thorarollen an die Juden von Askalon zu verkaufen, die auch das Lösegeld für ihre Glaubensbrüder aus Jerusalem aufgebracht hatten.

Der Erste Kreuzzug hatte so sein Ende gefunden. Er war der

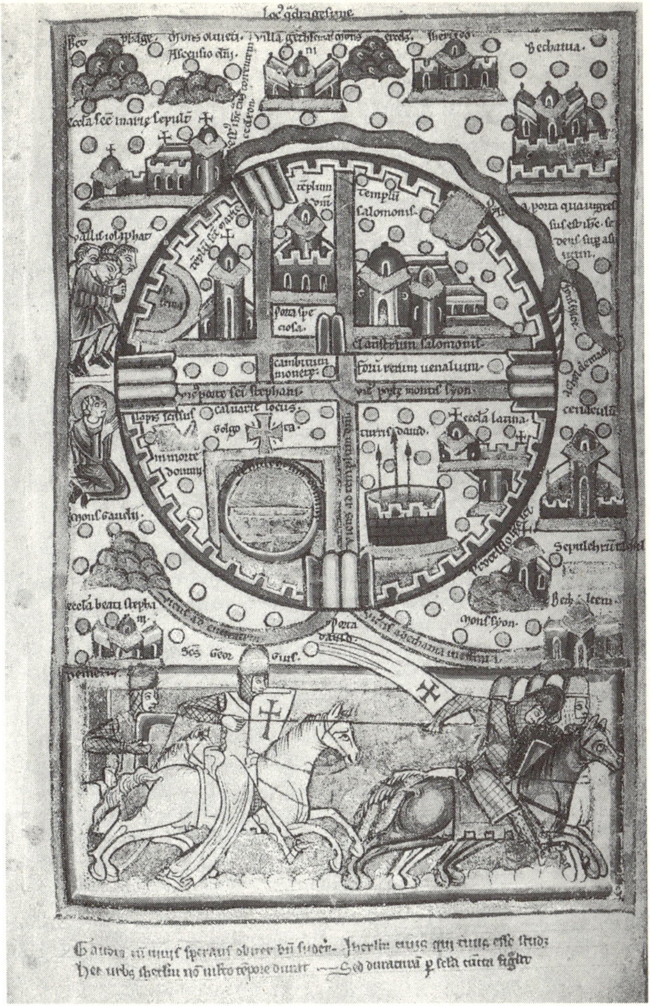

Abb. 4: Karte des Heiligen Landes mit Jerusalem als Mittelpunkt aus der zweiten Hälfte des 12. Jh. Am unteren Bildrand Darstellung einer Kampfszene: Kreuzritter mit eingelegten Lanzen verfolgen eine Schar fliehender Feinde.

für die Christen erfolgreichste und wichtigste – vor allem aber der folgenschwerste.

Wir wissen nicht, wie viele Menschen im Juli 1099 in Jerusalem lebten, und wir kennen nicht die Zahl der hingemordeten Muslime. Die diesbezüglich in lateinischen und arabischen Quellen gemachten Angaben – die hebräischen nennen überhaupt keine Zahlen – sind allesamt vage, unzuverlässig und vermutlich unzutreffend. Völlig unglaubwürdig ist es beispielsweise, wenn Ibn al-Aṯīr (1160–1233) behauptet, daß allein in der al-Aqṣā-Moschee 70 000 erschlagen wurden. Abgesehen davon, daß Ibn al-Aṯīr für den Ersten Kreuzzug nur mit Einschränkungen noch als Primärquelle gelten kann, trägt die von ihm mit ziemlicher Sicherheit stark übertriebene Zahlenangabe bereits die Handschrift der antifränkischen *ǧihād*-Propaganda des 12. Jahrhunderts. Der den Ereignissen wesentlich näher stehende Ibn al-Qalānisī (1073–1160) beschränkt sich auf die Aussage, daß «viele Menschen getötet wurden». Ebensowenig legen sich die meisten abendländischen Chronisten fest. Abgesehen von Fulcher von Chartres, der die zwar nicht wahrscheinliche, aber immerhin noch im Bereich des Möglichen liegende Zahl von 10 000 Hingemetzelten nennt, sprechen auch sie zumeist nur von einer «sehr großen Zahl» oder einfach davon, daß man «alle Muslime» erschlagen habe.

Auch wenn letztere Behauptung Eingang in Standardwerke wie die Darstellungen von Hans Eberhard Mayer und Steven Runciman fand, kann sie doch zumindest nicht für das Blutbad vom 15. und 16. Juli zutreffend sein. Immerhin spricht der anonyme Verfasser der *Gesta Francorum* als Augenzeuge davon, daß die überlebenden Muslime (*vivi Sarazeni*) am nächsten Tag die Leichen der Getöteten zu Scheiterhaufen aufschichten mußten. Aber selbst wenn man dem – freilich nicht anwesenden – Albert von Aachen glauben will, dem zufolge es drei Tage später zu einem zweiten großen Massenmord kam (was ebenfalls impliziert, daß es nach der Eroberung der Stadt noch Überlebende gegeben haben muß), ist die völlige Ausrottung der Muslime in Jerusalem eher unwahrscheinlich.

Das bedeutet aber nicht auch gleichzeitig, daß das Blutbad

und die in seinem Zusammenhang begangenen Gewaltexzesse nicht im wesentlichen so stattgefunden haben, wie sie von den christlichen Augenzeugen beschrieben wurden. Ihre Glaubwürdigkeit kann auch nicht durch den von Kaspar Elm geführten Nachweis erschüttert oder relativiert werden, daß ihre Schilderungen sich literarisch-stilistisch an den Schriften des Alten Testaments oder an Flavius Josephus und dessen Beschreibung der Eroberung Jerusalems durch die Legionen des Titus orientierten. Vielmehr ist der Rückgriff auf solche vorgeprägten Topoi – insbesondere durch Autoren, die ihre Bildung üblicherweise im Kloster erworben hatten – ein durchaus gängiges Stilmittel, das deren in diese Form gekleidete Aussagen nicht zwangsläufig von vornherein entwertet.

Gleichzeitig gilt es zu betonen, daß das Massaker und die anderen Greueltaten durch die Kreuzfahrer, entgegen der von John France und anderen vertretenen Meinung, sehr wohl das im Krieg übliche Maß überschritten haben müssen. Denn anders läßt sich die davon ausgehende verheerende Wirkung auf die Zeitgenossen – selbst wenn man die besondere Heiligkeit des Ortes und dessen Entweihung und Besudelung durch die Kreuzfahrer mit in Rechnung stellt – kaum nachvollziehen. Nur so kann man auch erklären, warum sich die Eroberung Jerusalems 1099 als traumatisches Erlebnis tief in das kollektive Gedächtnis der islamischen Welt eingegraben hat und zum Sinnbild des Kampfes zwischen Kreuzfahrern und Muslimen respektive zwischen Christentum und Islam wurde.

V. Zwischen politischem Pragmatismus und Heiligem Krieg: Die Geschichte der Kreuzfahrerstaaten 1099–1291

1. Die Kreuzfahrer und ihre muslimischen Nachbarn

Papst Urban II. war am 29. Juli 1099 gestorben, ohne vom Ausgang des Ersten Kreuzzuges erfahren zu haben. Aber aus seiner Sicht hätte er zufrieden sein können. Das Ergebnis des von ihm in Clermont initiierten Unternehmens war aus der Perspektive der abendländisch-christlichen Welt ein durchaus beeindrukkendes: die Seldschuken in Anatolien mehrmals geschlagen und dem byzantinischen Kaiserreich verlorengegangenes Territorium zurückgewonnen, Antiochia erobert und Jerusalem, die Heilige Stadt, den Ungläubigen entrissen.

Der Erfolg des Ersten Kreuzzuges hatte seine Ursache indes weniger in einer etwaigen militärtechnischen Überlegenheit der christlichen Eroberer, sondern eher in deren von religiösem Fanatismus geprägter Kampfweise; vor allem aber gründete er auf der unzulänglichen Abwehr der Überfallenen. Dies jedoch war eine Folge der politischen und religiösen Zerstrittenheit der islamischen Welt an der Wende vom 11. zum 12. Jahrhundert.

Die bis dahin die politische Landkarte des Vorderen Orients bestimmenden Großmächte waren die Reiche der Fatimiden und der Seldschuken. Beide waren sowohl aufgrund machtpolitischer Konkurrenz als auch erbitterter religiöser Gegensätze unversöhnliche Gegner. Für die in Isfahan und Bagdad herrschenden sunnitischen Seldschuken waren die schiitischen, in Kairo residierenden Fatimiden verabscheuungswürdige Ketzer, die es im Interesse des rechtgläubigen Islam zu bekämpfen galt, während die Fatimiden sich über Mohammeds Tochter Fatima nach dynastischem Prinzip als die wahren Erben des Propheten betrachteten.

Die Groß-Seldschuken wie die Fatimiden hatten aber am Vorabend des Ersten Kreuzzuges bereits den Zenit ihrer Macht überschritten, und ihre Reiche wurden von schweren inneren Krisen erschüttert. Im Jahr 1094 starb der letzte bedeutende Fatimidenkalif al-Mustanṣir, und seine Nachfolger waren meist nicht mehr als ein Spielball in der Hand ehrgeiziger Wesire; Bürgerkrieg und Seuchen beutelten das reiche Land am Nil. Um das Reich der Groß-Seldschuken stand es nicht besser: 1092 fiel der große Staatsmann, Wesir Niẓām al-Mulk, dem Attentat eines schiitischen Eiferes zum Opfer, zwei Monate später starb in seinem Herrn Malikšāh der letzte bedeutende Seldschukensultan.

Dessen Sohn Berkyārūq lieferte sich bis zu seinem Tod im Jahre 1105 mit seinem Bruder und Nachfolger Muḥammad

Ṭapar (1105–1118) einen blutigen Streit um das Erbe. Hauptschauplätze dieser Kämpfe, denen das ganze Interesse der beiden Rivalen galt, waren Zentralasien und der Iran. Dadurch gerieten Palästina und Syrien, die immer besonderes Augenmerk auf sich gezogen hatten, weil hier traditionsgemäß die Machtsphären der Fatimiden und Seldschuken aufeinanderprallten, weitgehend aus dem Blickfeld. Außerdem regierten in Damaskus und Aleppo die Söhne von Berkyārūqs Oheim Tutuš, mit denen der Sultan nicht auf gutem Fuß stand. So sah sich denn Berkyārūq nicht veranlaßt, in Syrien und Palästina zu intervenieren – weder als der fatimidische Wesir al-Afḍal, der de facto-Herrscher in Kairo, die Situation im Seldschukenreich ausnutzend, 1097 Tyrus und 1098 Jerusalem eroberte, noch als die Kreuzfahrer auf den Plan traten. Syrien und Palästina mit der heiligen Stadt Jerusalem waren für Sultan Berkyārūq, der alleine über die Macht geboten hätte, den Kreuzfahrern wirksam entgegenzutreten, zur uninteressanten Peripherie und einem Nebenschauplatz der Politik geworden.

Hinzu kam wohl auch, daß man in Isfahan und Bagdad – aber auch anderenorts – die Kreuzfahrer zunächst gar nicht als eigenständig operierende, neue und bedrohliche Macht begriff, sondern sie lediglich als Hilfstruppen und Söldlinge der Byzantiner betrachtete, mit denen man in der islamischen Welt ja schon seit Jahrhunderten in Kontakt stand und Kriege geführt hatte – zumal wohl kaum Informationen über den päpstlichen Aufruf in Clermont in den Orient gedrungen waren. Es kann deshalb nicht erstaunen, daß man zunächst auch in Kairo über die wahren Absichten der Kreuzfahrer und ihre Identität im unklaren war und der Wesir al-Afḍal gar zunächst die Hoffnung hegte, man könne sich mit den Kreuzfahrern gegen die Seldschuken verbünden.

Angesichts dessen ist es denn auch nicht verwunderlich, daß muslimische Intellektuelle wie as-Sulamī (1039–1106) und Ibn al-Ḫayyāṭ (1058–1123) aus Damaskus in richtiger Einschätzung der politischen Zustände ihrer Zeit die muslimischen Fürsten ob ihrer Zwietracht anprangerten, die es erst ermöglichte, daß «die Franken – die Gott vernichten möge!» (*al-ifranǧ – ah-*

lakahum Allāh) islamischen Grund und Boden eroberten. Indem as-Sulamī gleichzeitig eine Verbindung zwischen der fränkischen Invasion Syriens, der Eroberung Siziliens durch die Normannen sowie der Reconquista in Spanien herstellte, beschwor schon er das Gefühl einer für damalige Verhältnisse global zu nennenden Bedrohung der islamischen Welt durch das Christentum; gegen diese Gefahr aber müßten sich die Muslime mit allen ihnen zur Verfügung stehenden Mitteln zur Wehr setzen. Mit diesem Appell ist in as-Sulamī einer der geistigen Väter für die Wiedergeburt des *ǧihād*-Gedankens in der Mitte des 12. Jahrhunderts zu sehen, der Männern wie Zangī, Nūr ad-Dīn und Saladin das ideologische Rüstzeug in die Hand gab, um die islamische Welt zu einen und erfolgreich gegen die Franken, die er verächtlich als Polytheisten (*mušrikūn*) bezeichnete, ins Feld zu ziehen.

Die Kreuzfahrer indes sahen sich nach der Einnahme Jerusalems gezwungen, zunächst die Spuren ihres schrecklichen Wütens zu tilgen: Die Leichenberge mußten dringend beseitigt werden, da in der Sommerhitze Seuchen drohten, und nach der Verteilung der Beute weltliche und geistliche Ämter zur Organisation und Verwaltung geschaffen und besetzt werden. Zunächst trug man dem mächtigen Grafen von Toulouse die Krone an; Raimund lehnte jedoch mit der Begründung ab, er wolle nicht in Jesu Stadt König sein. Schließlich ging aus den Verhandlungen eines in seiner Besetzung nicht näher bekannten Wahlmännergremiums Gottfried von Bouillon als Sieger hervor, der sich allerdings auch nicht zum König krönen ließ, sondern sich mit dem Titel eines «Verteidigers des Heiligen Grabes» (*advocatus sancti sepulchri*) begnügte.

Gottfrieds Herrschaftsbereich umfaßte anfänglich gerade einmal die Heilige Stadt – in der hinfort Juden und Muslimen zu leben verboten war –, die Hafenstadt Jaffa, Lydda, ar-Ramla und Bethlehem sowie Hebron. Diese Besitzungen trennten die von den ägyptischen Fatimiden noch beherrschten Küstenstriche und die Gebiete östlich des Jordans, die sich ebenfalls in ägyptischer Hand befanden. Für Gottfried und die Seinen mußte es daher zunächst einmal um die Abwehr der ägyptischen Versuche gehen, die Kreuzfahrer wieder aus den eroberten Gebieten zu vertreiben. In Kairo war man nämlich nicht willens, die Eroberung Jerusalems sowie anderer Städte und Ortschaften durch die Kreuzfahrer kampflos hinzunehmen. So marschierte bereits im August 1099 der fatimidische Wesir al-Afḍal mit einem großen Heer nach Palästina. Er wurde jedoch am 12. August bei ar-Ramla überrumpelt und von den nur ein paar hundert Mann zählenden Kreuzfahrern vernichtend geschlagen. Auch die weiteren ägyptischen Unternehmungen dieser Art scheiterten kläglich.

Damit war fürs erste der Besitz des Heiligen Landes gesichert, und Herzog Robert II. von der Normandie und Graf Robert von Flandern beschlossen, nachdem sie solcherart ihr Kreuzzugsgelübde erfüllt hatten, nach Hause zurückzukehren. Ihrem Aufbruch schloß sich Anfang September 1099 Raimund von Toulouse an, der sich von Gottfried von Bouillon übergangen und verdrängt sah. Zunächst wandte er sich nach Norden, wo er mit byzantinischer Flottenunterstützung und kaiserlicher Billigung seinen Rivalen Bohemund aus der wichtigen Hafenstadt Latakia vertrieb. Er konnte sich dort jedoch nicht auf Dauer halten, weshalb er wieder südwärts in das Gebiet von Tripolis zog.

Dieser Küstenstrich, der sich wie ein Keil zwischen das durch Bohemund gegründete Fürstentum Antiochia und die fränkischen Besitzungen in Palästina schob, wurde von der arabischen Sippe der Banū ʿAmmār beherrscht. Ihrem Fürsten und Familienoberhaupt Faḫr al-Mulk half es jetzt wenig, daß er ein Mann des Friedens war und sich beim Anmarsch der Kreuzfahrer für neutral erklärt und freigekauft hatte. Raimund war nun ebenfalls fest entschlossen, sich eine eigene Herrschaft im Orient zu verschaffen. Nach und nach eroberte er die in der Umgebung von Tripolis gelegenen Städte und Ortschaften. Ohne Tripolis selbst eingenommen zu haben, starb er jedoch im Februar 1105. Erst im Juli 1109 gelang es seinem in der Zwischenzeit ebenfalls in den Osten gezogenen Sohn Bertrand im Verbund mit anderen Kreuzfahrerfürsten und unterstützt von einer genuesischen Flotte, die Stadt zu erobern, wobei die weithin berühmte Bibliothek der gebildeten Banū ʿAmmār in Flammen aufging. Als Graf von Tripolis errichtete Bertrand die vierte Kreuzfahrerherrschaft im Vorderen Orient, die ebenfalls nicht dem byzantinischen Kaiser, sondern dem Herrn von Jerusalem lose unterstellt wurde.

In Jerusalem selbst war mittlerweile bereits am 18. Juli 1100 Gottfried von Bouillon verstorben. Auf die Nachricht von seinem Tode hin belehnte Balduin von Boulogne seinen Vetter Balduin von Bourcq mit der Grafschaft Edessa und eilte selbst in die Heilige Stadt, um dort die Nachfolge seines Bruders anzutreten. Zunächst gelang es ihm, die überzogenen Ansprüche des ersten lateinischen Patriarchen von Jerusalem, Daimbert von Pisa (1099–1102), ebenso zurückzuweisen, wie sich gegen seinen Kampfgefährten Tankred durchzusetzen, der sich inzwischen in Galiläa ein Fürstentum erobert hatte. Weniger mit Skrupeln behaftet als sein Bruder Gottfried, ließ sich Balduin am Weihnachtstag 1100 in der Geburtskirche zu Bethlehem zum König krönen. Als Balduin I. (1100–1118) wurde er zum eigentlichen Begründer des Königreichs von Jerusalem.

Mit bemerkenswerter Energie machte sich Balduin daran, sein Herrschaftsgebiet zu vergrößern und dessen Machtgrundlagen zu konsolidieren. So eroberte er 1102 die an der Küste gelegenen Städte Arsūf und Cäsaräa, 1104 Akkon und 1110 Beirut und Sidon. Da die Kreuzfahrer weder jetzt noch später über eine eigene nennenswerte Flotte verfügten, war dabei die maritime Unterstützung durch die Seestädte Pisa, Venedig und Genua von essentieller Bedeutung. Die geschäftstüchtigen, auf ihre eigenen Interessen bedachten Italiener ließen sich allerdings ihre Hilfe hier wie anderenorts nicht nur mit wertvollen Handelsprivilegien entlohnen, sondern gleich mit ganzen Stadtteilen. Aus dieser Konstruktion entwickelten sich im Laufe der Zeit allerdings für die Kreuzfahrerherrschaften gefährliche, zentrifugal wirkende Kräfte. Doch zunächst einmal hatte Balduin mit der Eroberung der Küstenstädte gleichsam ein Tor zum Abendland aufgestoßen. Unter Umgehung des langwierigen und gefährlichen Landweges durch Anatolien konnten von nun an Kreuzfahrer, Pilger und vor allem die dringend benötigten Zuwanderer aus Europa den bequemeren Seeweg benutzen. Gleichzeitig entwickelten sich diese Hafenstädte, vor allem Akkon, schnell zu blühenden Wirtschaftszentren, über die der für alle Beteiligten höchst einträgliche Orienthandel mit Europa abgewickelt wurde.

Balduins Augenmerk galt aber nicht nur den Küstenstädten, sondern auch den Landstrichen jenseits des Jordans, der sogenannten *Terre Oultre Le Jourdain*, sprich dem heutigen Jordanien. Er wußte nur zu gut um die strategische Bedeutung jener Landstriche. Solange er sie nicht kontrollierte, war sein Herrschaftsbereich in Palästina ständig durch Einfälle aus dem Negev bedroht. Zudem stellte dieses Gebiet einen Brückenkopf zwischen Ägypten und Syrien dar. Ein erster Vorstoß im Jahre 1107 führte Balduin bereits bis ins Wādī Mūsā in der Nähe der alten Nabatäerstadt Petra. Inzwischen der festen Überzeugung, daß es notwendig sei, diesen Landstrich dauerhaft zu beherrschen, fiel er 1115 abermals in das südliche Jordanien ein. Von Hebron aus marschierte er am Roten Meer vorbei ins Wādī ʿAraba. Bei aš-Šaubak, einem der wenigen fruchtbaren Plätze in dieser Gegend, ließ er auf einem hohen Felsenrücken eine gewaltige Burg errichten, der er den Namen Le Krak de Montreal, königliche Burg, gab. Diese Festung, in die er eine gut ausgerüstete Besatzung legte, stellte einen ersten wichtigen militärischen Stützpunkt der Kreuzfahrer in Jordanien dar, von dem aus sie das Umland kontrollieren konnten.

Bereits im nächsten Jahr, 1116, erschien Balduin abermals an der Spitze eines Heeres, das er dieses Mal noch weiter nach Süden durch das Wādī ʿAraba bis an die Nordspitze des Roten Meeres führte. Hier eroberte er das Städtchen Akaba, das die Kreuzfahrer Aila bzw. Elyn nannten, und sicherte es durch eine Zitadelle. Mit den Befestigungen von Akaba und aš-Šaubak (Montreal) kontrollierten die Kreuzfahrer nunmehr die wichtigen Verbindungsstraßen zwischen Ägypten bzw. dem Ḥiǧāz und Damaskus. Nicht nur, daß sie dadurch die muslimischen Handelskarawanen ungestört ausplündern konnten, sie hatten auch die Fatimiden von der nördlichen islamischen Welt ebenso abgeschnitten wie umgekehrt Syrien von Ägypten. Außerdem war es den Fatimiden nun nicht mehr möglich, durch das Wādī 'Araba Heere nach Norden zu führen und die Kreuzfahrer in Palästina in deren Rücken anzugreifen. Die so eroberten und gesicherten Landstriche trug König Balduin einem gewissen Roman von Le Puy zu Lehen auf, der sich fortan Herr von Montreal nannte. Wie hier in Transjordanien, wo einige Jahre später noch die gewaltige Festung von al-Karak errichtet wurde, überzogen die Kreuzfahrer alle ihre eroberten Territorien zur besseren Kontrolle und Verteidigung mit einem dichten Netz von Burgen, wie etwa der weltbekannt gewordenen Festung Krak des Chevaliers in Syrien.

Zur Zeit seiner größten Ausdehnung in der Mitte des 12. Jahrhunderts erstreckte sich das von Balduin gegründete Königreich Jerusalem im Binnenland vom Golf von Akaba hinauf bis zum Toten Meer und von dort dem Jordan nach Norden folgend bis zum See Genezareth. An der Küste reichte es etwa von Gaza im Süden bis hinauf nach Beirut.

Das Herrschafts- und Gesellschaftssystem orientierte sich stark an europäischen Vorbildern – allerdings mit einigen wesentlichen Abweichungen. An der Spitze der von feudalen Strukturen geprägten Gesellschaftspyramide stand der König. Seine Rechte und Befugnisse waren – zumindest anfänglich – keineswegs so beschränkt, wie man in der älteren Forschung häufig angenommen hat. Die bedeutsame Krondomäne, zu der auch die Hafenstädte Tyrus und Akkon mit ihren reichen Erträgen zählten, war wesentlich größer als die Besitzungen seiner Vasallen und bildete einen erheblichen Teil seiner Machtbasis. Dem König zur Seite stand die Versammlung der Kronvasallen, die sogenannte *Haute Cour*, die ihn mit Rat und Hilfe zu unterstützen verpflichtet war. Da die an Grund und Boden gebundenen Lehen nicht ausreichten, traten umfängliche Geld- und Rentenlehen zur Versorgung der Vasallen hinzu. Beträchtliche Gewinne erzielte man aus der Besteuerung von Handel und Gewerbe in den prosperierenden Städten; hinzu kam dic Abschöpfung der auf den Dörfern liegenden Abgaben. Dazu wurde die islamische Bürokratie und Fiskalverwaltung so, wie man sie angetroffen hatte, aufgrund ihrer Effizienz weitgehend beibehalten und lediglich «von feudalen Herrschaftsstrukturen überwölbt», wobei «auf dieser Ebene [...] ausschließlich lateinische Christen in Erscheinung [traten]» (Jonathan Riley-Smith).

Anders als im Fürstentum Antiochia und in der Grafschaft Edessa, wo – wie bereits angedeutet – ein erheblicher, wenn nicht gar der überwiegende Bevölkerungsanteil auf orientalische Christen, Griechen und Armenier entfiel, lebten im Königreich Jerusalem mehrheitlich Muslime. Da sowohl lateinische und altfranzösische wie arabische Quellen nur unzureichende Angaben zur Einwohnerzahl machen, sind wir in dieser Frage weitgehend auf Schätzungen angewiesen, die zwangsläufig mit einem erheblichen Unsicherheitsfaktor behaftet sind. Einen relativ hohen Grad an Wahrscheinlichkeit haben die diesbezüglichen Überlegungen von Joshua Prawer und Hans Eberhard Mayer. Demnach lebten um 1180, als das Königreich Jerusalem seinen demographischen Höhepunkt erreichte, dort etwa 100 000 bis 120 000 Europäer, davon die meisten in Städten: circa 40 000 in Akkon, 30000 in Jerusalem und 25–30 000 in Tyrus. Ihnen stand eine autochthone Bevölkerung aus zahlreichen orientalischen Christen und noch mehr Muslimen gegenüber. Ihre Zahl wird auf 300 000 bis 360 000 Menschen veranschlagt, von denen der überwiegende Teil, ungefähr 250 000, auf dem Lande lebte. Dies erklärt auch, weshalb im 13. Jahrhundert, als die Franken im wesentlichen nur noch den schmalen Küstenstreifen beherrschten, der muslimische Bevölkerungsanteil im Königreich drastisch zurückgegangen war. Ähnlich wie in den Städten, wo die unterschiedlichen Bevölkerungs- und Religionsgruppen in separaten Wohnquartieren lebten, gab es auch auf dem Land keine Mischsiedlungen; das heißt, in manchen Dörfern lebten ausschließlich Christen, in anderen nur Muslime. Diese Landbevölkerung, gleich welchen Glaubens, war strikt an die Scholle gebunden.

Herren im Land waren allein die fremden fränkischen Eroberer, die sich sozial und rechtlich von der einheimischen Bevölkerung abhoben und abgrenzten. Hatten auch die orientalischen Christen die Kreuzfahrer bei deren Erscheinen vereinzelt freudig begrüßt und unterstützt, weil sie auf eine soziale Besserstellung hofften, so sahen sie sich alsbald eines Besseren – oder vielmehr eines Schlechteren – belehrt. Sie wurden zwar als Christen in der Phase der Eroberung nicht Opfer von Massakern – wobei allerdings zu fragen ist, ob und woran die Kreuzfahrer immer zwischen einheimischen Christen und Muslimen zu unterscheiden wußten –, aber von einer rechtlichen und sozialen Gleichstellung mit den christlichen Brüdern aus dem Abendland waren sie weit entfernt. Wie Marie-Luise Favreau-Lilie betont, hatte die fränkische Herrenschicht zu keinem Zeitpunkt ein Interesse an einer solchen Gleichstellung der orientalischen Christen, die wie die übrigen Einheimischen als Unterworfene betrachtet wurden.

Noch negativer war die Situation der Muslime im Königreich Jerusalem, selbst wenn sie nicht bei der Eroberung oder danach versklavt worden waren. Es gilt allerdings festzuhalten, daß die Kreuzfahrer – abgesehen von den Massakern der Eroberungsphase – die Muslime nicht planmäßig verfolgten oder vertrieben. Da sie aus verwaisten Städten und menschenleeren Dörfern keinerlei Nutzen ziehen konnten, war ihnen rasch klar geworden, daß sie die unterworfenen Muslime zur Bewirtschaftung der eroberten Landstriche benötigten. Außerdem bildeten die von diesen zu zahlenden Abgaben und die Kopfsteuer eine beträchtliche Einnahmequelle. Abgesehen davon, daß diese Zahlungen für die Muslime eine bedrückende Last darstellten, bedeutete vor allem die Kopfsteuer eine zusätzliche Erniedrigung, da sie von ihr in Zeiten der islamischen Herrschaft selbstredend befreit gewesen waren. Hinzu kamen die Ungleichbehandlung vor Gericht – wo sie allerdings auf den Koran statt auf die Bibel schwören durften – sowie eine rigide Kleiderordnung, mittels derer sie bewußt gesellschaftlich ausgegrenzt wurden. Sexuelle Kontakte zwischen Christen und Muslimen waren strikt verboten. Zuwiderhandelnden Männern, gleich welchen Glaubens, drohte die Kastration, Frauen das Abschneiden der Nase. Inwieweit die Muslime in ihren Enklaven ihren religiösen Kultus in Moscheen ausüben durften – soweit diese nicht einfach in Kirchen umgewandelt worden waren –, ist aufgrund der spärlichen und oftmals widersprüchlichen Quellenlage nur schwer zu entscheiden, wobei vor der Verallgemeinerung von Einzelbelegen zu warnen ist und es offenbar regionale Unterschiede gab. So konnte etwa Benjamin Z. Kedar nachweisen, daß es sowohl einzelne Beispiele für die Existenz und Benutzung von Moscheen gibt, als auch solche, die das Gegenteil nahelegen.

Am schlechtesten erging es den muslimischen Sklaven, die stets willkommene, weil billige und weitgehend rechtlose Arbeitskräfte darstellten. Da es Gesetzesbrauch war, einen zum Christentum konvertierten Sklaven freizulassen, hielt sich das Interesse der fränkischen Herrenschicht an einer Missionierung in recht engen Grenzen.

Eine zusätzliche Schranke zwischen Eroberern und Einheimischen bildete die Sprachbarriere: Auch wenn die Kreuzfahrer in manchen Bereichen die effiziente muslimische Verwaltung beibehielten und damit auch das Arabische als Kanzleisprache, bedienten sie selbst sich dieser Sprache nicht. Als Schreiber und Dolmetscher griff man sowohl im täglichen Umgang wie im diplomatischen Verkehr mit muslimischen Fürsten auf zweisprachiges Personal zurück – zumeist orientalische Christen. Die Franken indes waren – von wenigen Ausnahmen abgesehen – zu keiner Zeit des Arabischen mächtig. Umgekehrt blieben den Muslimen ebenfalls im großen und ganzen die verschiedenen «fränkischen» Idiome fremd. Diese Feststellung gilt nicht nur für den zwischenmenschlichen Umgang im Königreich Jerusalem, sondern ganz allgemein für die Kontakte zwischen Muslimen und Kreuzfahrern und erschwerte diese.

Daß die Franken sich der überlegenen Heilkunst einheimischer Ärzte anvertrauten und sich in ihren – vom Klima mitbedingten – Kleidungs-, Eß- und Lebensgewohnheiten, wozu auch die teilweise luxuriöse Ausstattung ihrer Häuser und Paläste zählt, ihrer Umwelt anpaßten, ist kein Beleg für eine gelungene Akkulturation, sondern bestenfalls für eine rein äußerliche, an der Oberfläche bleibende Assimilation. Ohne Interesse an der islamischen Kultur übernahmen sie lediglich die ihnen nützlichen Segnungen ihrer orientalischen Umgebung mit deren vergleichsweise höherem Lebensstandard und richteten sich darin heimisch ein. Ihrer Intoleranz gegenüber der einheimischen Bevölkerung tat dies keinen Abbruch.

Angesichts dieser religiösen, sozialen und rechtlichen Diskriminierung kann es kaum wundernehmen, daß auch nach der ersten Emigrationswelle, die bei der blutigen Eroberung des Landes durch die Kreuzfahrer einsetzte und vor allem muslimische Intellektuelle erfaßte, immer wieder Muslime aus dem fränkischen Herrschaftsbereich auf islamisches Gebiet flüchteten. Bestenfalls kann erstaunen, daß nicht noch mehr das Land verließen. Als wahrscheinlichster Grund dafür ist von der Forschung, vor allem im Hinblick auf die ländliche Bevölkerung, die Heimatverbundenheit der Betroffenen genannt worden. Ein weiteres mögliches Motiv zum Bleiben – so hat Benjamin Z. Kedar in einer grundlegenden Studie dargelegt – mag darin zu sehen sein, daß muslimische Grundherren teilweise höhere Abgaben verlangten als die Kreuzfahrer und Flüchtlinge somit ihre wirtschaftliche Situation nicht verbessert hätten. Unzutreffend dürfte indes die unter anderem von David E. P. Jackson nachdrücklich vertretene Erklärung sein, wonach die Muslime Palästinas in der Emigration keine echte Alternative hätten sehen können, weil die Herrscher der benachbarten islamischen Territorien – von den kleineren arabischen Städten abgesehen – allesamt ebenfalls keine Einheimischen gewesen seien, sondern Kurden und Türken; sie hätten also bestenfalls die eine Fremdherrschaft mit einer anderen vertauscht.

So zutreffend dieser Einwand hinsichtlich der ethnischen Zugehörigkeit jener Herren auch ist, läßt er doch ein wesentliches Moment außer acht: die Tatsache nämlich, daß diese Fürsten und die mit ihnen herrschenden Eliten inzwischen allesamt Muslime waren. Mögliche Emigranten wären deshalb auf islamisches Gebiet geflohen, wodurch sich ihr Rechtsstatus sehr wohl verbessert hätte und sie nicht länger diskriminiert gewesen wären. Gleichzeitig macht Jacksons Hinweis auf ein viel bedeutsameres Faktum aufmerksam: Aufgrund der veränderten Herrschaftsstrukturen der islamischen Staaten, in denen seit dem Sturz der Omayyaden das arabische Element durch türkische und kurdische Militärs immer weiter zurückgedrängt wurde, können wir letztlich seit dem Hochmittelalter aus ethnischer Sicht kaum noch von einer arabischen Geschichte sprechen, sondern eher von einer islamischen. Anders als die aus Europa kommenden Kreuzfahrer, die im Osten immer Fremde blieben, haben die Kurden und die aus Zentralasien einwandernden Türken den Islam als die den Vorderen Orient seit Jahrhunderten prägende Religion angenommen, sich in den islamischen Kulturkreis – mit dem Arabischen als der Sprache des Korans und der Wissenschaften – integriert und ihn politisch mitgestaltet. Und diese akkulturierten Eliten waren es denn auch letztlich, die höchst erfolgreich den Kampf mit den Kreuzfahrern aufnehmen und sie schließlich vertreiben sollten.

Doch zunächst – wie auch später immer wieder – profitierten die Kreuzfahrer von der Zerstrittenheit der muslimischen Machthaber. Auch wenn die Franken mittlerweile durch mehrere schwere Niederlagen, wie 1104 bei Ḥarrān und 1119 auf dem *Ager Sanguinis*, dem «Blutacker», in der Nähe von Aleppo ihren anfänglichen Nimbus der Unbesiegbarkeit eingebüßt hatten, war es ihnen trotz allem recht erfolgreich gelungen, sich zu behaupten. Ein wesentlicher Grund dafür war, daß die von Zeit zu Zeit und bisweilen auch durchaus erfolgreich durchgeführten Feldzüge muslimischer Fürsten mehr Ausfluß tagespolitischer Interessen waren denn eines gemeinsamen und entschlossenen Willens, die fremden Eroberer wieder zu vertreiben. Man war vielmehr damit beschäftigt, sich gegenseitig argwöhnisch zu beobachten und ängstlich auf ein Gleichgewicht der Mächte bedacht zu sein. Indem sie diese Situation zu ihrem Vorteil ausnutzten, wurden die Kreuzfahrer als «lachende Dritte» zu einem festen Bestandteil des politischen und militärischen Kräftespiels im Vorderen Orient.

Im Jahr 1108 kam es so etwa zu einer Allianz Ǧawlī Ṣaqāwuhs von Mosul mit Graf Balduin II. von Edessa gegen Riḍwān von Aleppo und dessen Verbündeten Tankred von Antiochia, der allerdings durch die Niederlage von Tall Bāšir gegen ihre beiden Rivalen keine lange Dauer beschieden war. Ende des gleichen Jahres schloß Ṭuġtagīn von Damaskus aus wirtschaftlichen Interessen einen Waffenstillstand auf sechs Jahre mit Kö-

Abb. 5: Ein Christ und ein Muslim spielen gemeinsam Schach.

nig Balduin I. von Jerusalem, der diesem Raum für andere militärische Aktivitäten, wie beispielsweise im südlichen Jordanien, gab. Gleichzeitig einigten sich die beiden Vertragspartner darauf, die Einkünfte aus dem nördlichen Transjordanien, wo sich beider Interessensphären berührten, unter sich aufzuteilen. Dieses Abkommen sollte beispielgebend werden für eine ganze Reihe ähnlicher sogenannter Condominiumsverträge, in denen sich christliche und muslimische Fürsten darauf verständigten, in umstrittenen Grenzgebieten die Erträge – und im 13. Jahrhundert sogar die Jurisdiktion – untereinander aufzuteilen. Bei all dem trat der religiöse Gegensatz offenbar gegenüber ganz nüchternem Machtkalkül in den Hintergrund.

Aber nicht nur auf diplomatischer und politischer Bühne sowie im Bereich des für beide Seiten einträglichen Transithandels kam es zu zeitweiligen Bündnissen und Verständigung untereinander. Auch auf persönlicher Ebene traten Kreuzfahrer und Muslime, vor allem Angehörige der Oberschichten, in durchaus freundlichen Kontakt; private Zusammenkünfte gehörten ebenso dazu wie gemeinsam durchgeführte Jagden und Waffenübungen. Als Kronzeugen für den friedlichen Umgang zwischen Franken und Muslimen verweist man immer wieder auf den Emir Usāma ibn Munqiḏ (1095–1188) von Šaizar, der in seinen Erinnerungen höchst anschaulich und amüsant von diesen Begegnungen jenseits der großen Politik und des militärischen Geschehens berichtet. Dabei ist allerdings Vorsicht geboten: Usāma ibn Munqiḏ läßt nie einen Zweifel daran, daß er seine Kultur derjenigen der Franken für überlegen hält und daß er diese letztlich als ungehobelte Barbaren und Angehörige einer verfluchten Rasse betrachtet. Der teilweise friedliche Kontakt zwischen Franken und Muslimen war demnach nichts anderes als eine Art modus vivendi; das heißt aber keineswegs, daß die Muslime die Franken und ihre Herrschaft tatsächlich jemals akzeptiert und sich damit abgefunden hätten, wie die weiteren Ereignisse deutlich machen sollten.

2. Der Anfang vom Ende: Von Zangī bis Saladin

Nach vierwöchiger Belagerung gelang es dem türkischen Heerführer und Herrn von Mosul und Aleppo ʿImād ad-Dīn Zangī am Weihnachtsabend des Jahres 1144, Edessa zu erobern. Zangī stoppte zwar sogleich das unmittelbar darauf einsetzende Massenmorden, ließ aber dennoch alle Franken, derer man habhaft werden konnte, hinrichten und ihre Frauen und Töchter in die Sklaverei verkaufen; die einheimischen Christen hingegen wurden verschont. Die Einnahme der Stadt und die anschließende Zerschlagung der Grafschaft Edessa hatte Signalwirkung. Sie demonstrierte der islamischen Welt eindrucksvoll, daß es möglich war, die fremden Eindringlinge nachhaltig zu schlagen und zu vertreiben.

In den übrigen Kreuzfahrerstaaten und in Europa wirkte die Nachricht vom Fall Edessas wie ein Schock. Papst Eugen III. (1145–1153) rief umgehend zu einem neuen Kreuzzug auf. Der Widerhall war indes eher bescheiden und löste keine Massenbewegung mehr aus wie der ziemlich genau ein halbes Jahrhundert zurückliegende Aufruf von Clermont; eine gewisse Ernüchterung hatte sich im Laufe der Zeit eingestellt. Im Auftrag Eugens III. unternahm es Abt Bernhard von Clairvaux (1090–1153), den Kreuzzug zu predigen. Dabei wandte er sich bewußt nicht an das gesamte Volk, sondern nur an Fürsten und Ritter. Was an Exzessen im Gefolge des Ersten Kreuzzuges geschehen war, sollte sich nach seiner Vorstellung nicht wiederholen; auch dem schnell wieder lautwerdenden Aufruf zu Judenpogromen schob er sofort einen Riegel vor. Seiner rhetorischen Überzeugungskraft gelang es schließlich, daß als vornehmste Teilnehmer nicht nur der französische König Ludwig VII. (1137–1180), sondern auch der römisch-deutsche König Konrad III. (1138–1152) das Kreuz nahmen.

Seine überragende Bedeutung für die Geschichte der Kreuzfahrerstaaten gewann der Abt von Clairvaux indes weniger durch seine Kreuzzugspredigten als vielmehr durch seine Rolle, die er quasi als «Geburtshelfer» der Templer spielte, des ersten geistlichen Ritterordens. Den Begriff der *militia Christi* wörtlich nehmend, hatte Hugo von Payens 1120 in Jerusalem einen Orden gegründet, der sich mönchischen Idealen und Lebensformen ebenso verpflichtet fühlte wie dem des bewaffneten Heidenkrieges. Ihre vordringliche Aufgabe sah die anfänglich nur wenige Köpfe zählende Gemeinschaft «geistlicher Ritter» – deren Namen sich von ihrem Quartier im angeblichen *Templum Salomonis*, der heutigen al-Aqṣā-Moschee, ableitet – zunächst darin, unbewaffnete Pilger im Heiligen Land vor Überfällen zu schützen. Kurze Zeit danach beteiligten sich die Templer schon ebenso aktiv an allen Kämpfen der Kreuzfahrer gegen die Muslime wie der wenig später aus einem Pilgerhospiz hervorgegangene Ritterorden der Hospitaliter (auch Johanniter genannt). Wesentliche Förderung erfuhren die Templer, deren Ordensregel 1129 auf dem Konzil von Troyes vom Papst bestätigt wurde, durch Bernhard von Clairvaux. Dieser rühmte in seinem «Buch vom Lobpreis der neuen Ritterschaft» (*Liber de laude novae militiae*) die Templer, weil sie in ihrem Habitus alle Äußerlichkeiten eines verschwendungs- und ruhmsüchtigen Rittertums ablehnten und sich statt dessen einem asketischen Kampf gegen die Feinde des Herrn verschrieben hätten.

Der von nun an nicht mehr versiegende personelle Zustrom und die ebensowenig abreißende materielle Unterstützung aus dem Abendland ließen die Templer alsbald immer vermögender und mächtiger werden und ermöglichten ihnen – ihrer Zeit damit letztlich weit voraus – gleichsam ein stehendes Heer aufzubauen, dem eine wesentliche Rolle im Kampf gegen die Muslime zu spielen bestimmt war; die anderen Ritterorden wie die Johanniter und der Deutsche Orden sollten es ihnen später gleichtun. Indem Papst Eugen III. ihnen das Recht gewährte, ein rotes Kreuz auf der linken Brustseite ihres weißen Mantels zu tragen, waren die Templer wohl auch seit der Antike die erste kämpfende Truppe, die eine einheitliche Uniformierung aufwies. Ihre erste militärische Bewährungsprobe bestanden die Templer auf dem Zweiten Kreuzzug, als 130 Angehörige ihres Ordens das französische Heer gegen die Seldschuken unterstützten und dieses so auf seinem Marsch durch das winterliche Anatolien vor dem Untergang bewahrten.

Ihr Einfluß reichte indes noch nicht aus, die Teilnehmer des Zweiten Kreuzzuges von einer folgenschweren Fehlentscheidung abzubringen. Im Frühjahr 1148 waren Ludwig VII. und Konrad III. nach verlustreichen Kämpfen in Anatolien mit den Resten ihrer Heere nebst anderen Kreuzfahrern in Palästina eingetroffen. Entgegen dem klugen Rat des Fürsten Raimund von Antiochia, gegen Aleppo vorzugehen, beschlossen die Neuankömmlinge, mit König Balduin III. von Jerusalem (1143–1163) und den Baronen des Königreichs statt dessen das reiche und quasi vor der Haustür liegende Damaskus anzugreifen.

Es war dies jedoch nicht nur ein Akt von außerordentlicher politischer Kurzsichtigkeit, sondern auch ein Vertragsbruch. Aufgeschreckt von den Erfolgen Zangīs im nördlichen Syrien, war die in Damaskus regierende Būridendynastie 1139 nämlich mit Balduins Vorgänger König Fulk von Jerusalem (1131–1143) ein Schutzbündnis eingegangen. Dieses überdauerte auch den Tod Zangīs, der 1146 ermordet worden war, da dessen Sohn Nūr ad-Dīn (1146–1174) die Expansionspolitik seines Vaters erfolgreich fortsetzte und die muslimischen Fürsten im nördlichen Syrien ihrer Unabhängigkeit beraubte. Als nun im Juli 1148 das vereinigte Heer der Kreuzfahrer vor den Toren von Damaskus stand, sah man in der Stadt keinen anderen Ausweg mehr, als Nūr ad-Dīn nolens volens um Hilfe zu bitten. Als die Kreuzfahrer, deren Angriff ins Stocken geraten war, erfuhren, daß ein Entsatzheer Nūr ad-Dīns im Anmarsch sei, brachen sie die Belagerung unverrichteter Dinge ab.

Damit war der Zweite Kreuzzug gescheitert. Er hatte lediglich bewirkt, daß sich Nūr ad-Dīn eine höchst effektvolle Möglichkeit bot, sich gegenüber seinen Glaubensbrüdern als Retter vor den Franken in Szene zu setzen, und somit der Einung der islamischen Welt Vorschub geleistet. Trotz eines 1149 erneuerten Bündnisses mit den Franken erlangten die Būriden ihre Bewegungsfreiheit nicht mehr zurück. Wegen dieser Allianz von Nūr ad-Dīn als Verräter am Islam gebrandmarkt, konnten sie alsbald seinem Druck nicht mehr widerstehen und verloren jeden Rückhalt in der Bevölkerung. Von dieser als Befreier begrüßt, zog Nūr ad-Dīn schließlich 1154 in Damaskus ein.

Wie hierbei bereits deutlich wird, verdankte Nūr ad-Dīn seine Erfolge nicht allein seinem Geschick als Feldherr. Hinzu kam auch, daß er als Vorkämpfer eines im Kampf gegen die christlichen Franken religiös und politisch geeinten Islam auftrat. Zu diesem Zweck hatte er die in den vergangenen Jahrhunderten in den Hintergrund getretene Idee des *ǧihād* (des «Heiligen Krieges») wiederbelebt und propagiert.

Obwohl sich die Kreuzfahrer nun in Syrien einem geschlossenen islamischen Machtblock unter Nūr ad-Dīn gegenübersahen, ließen sie sich gleichwohl erneut auf ein höchst waghalsiges und abermals folgenreiches Unternehmen ein. Die politische Schwäche des in Auflösung begriffenen Fatimidenreiches ausnutzend – und dessen Niedergang beschleunigend –, fiel König

Amalrich von Jerusalem (1163–1174) 1163 in Ägypten ein. In mehreren aufeinanderfolgenden Feldzügen gelang es ihm zwar, Ägypten vorübergehend zu einem fränkischen Protektorat zu machen, gleichzeitig provozierte er aber damit ein erneutes Eingreifen Nūr ad-Dīns. Vom fatimidischen Wesir Šāwar zu Hilfe gerufen, entsandte dieser eine Armee unter dem kurdischen Befehlshaber Šīrkūh nach Ägypten, das mittlerweile in Krieg und Chaos versank. In den nächsten Jahren stritten mit wechselndem Erfolg die Kreuzfahrer unter König Amalrich und die Truppen Nūr ad-Dīns um die Macht am Nil. Als sich schließlich Amalrich 1169 aus Ägypten zurückziehen mußte, wurde Šāwar ermordet und Šīrkūh an seiner Statt vom fatimidischen Kalifen al-ʿĀḍid (1160–1171) zum Wesir ernannt. Nachdem jedoch Šīrkūh nur wenige Monate später gestorben war, folgte ihm als Wesir sein damals etwa 31jähriger Neffe Saladin (Ṣalāḥ ad-Dīn Yūsuf ibn Ayyūb) nach, der sich energisch daran machte, seine neue Stellung zu festigen. Eine Revolte fatimidischer Söldnertruppen aus Nubiern und Armeniern wurde blutig niedergeschlagen. Zwei Jahre später, 1171, liquidierte Saladin auf Wunsch des Kalifen in Bagdad und seines Oberherrn Nūr ad-Dīn das schiitische Konkurrenzkalifat der Fatimiden. Damit war Ägypten dem sunnitischen Islam zurückgewonnen.

Gleichzeitig aber sahen sich die Kreuzfahrer nunmehr gefährlich in die Zange genommen: Nūr ad-Dīn gebot jetzt nicht mehr alleine über das muslimische Syrien, sondern durch seinen «Statthalter» in Kairo auch über Ägypten. Im Augenblick hatten sie jedoch noch keinen Grund zur Sorge, da Saladin andere Ziele verfolgte, als sofort gegen sie loszuschlagen. Der neue starke Mann in Kairo stammte aus eher bescheidenen Verhältnissen. Sein Vater Ayyūb und sein Onkel Šīrkūh waren als kurdische Söldner in den heutigen Irak gekommen – wo Saladin in Takrīt am Tigris geboren wurde – und schließlich als Offiziere im Dienste Zangīs emporgestiegen. In Nūr ad-Dīns Armee hatte sich Saladin während der Kämpfe in Ägypten ausgezeichnet. Durch glückliche Umstände und mit Durchsetzungsvermögen in Kairo an die Macht gelangt, dachte Saladin allerdings nicht daran, Nūr ad-Dīns Befehlen nachzukommen und weigerte sich sogar, die in Ägypten erhobenen Steuern an diesen nach Syrien abzuführen.

Der sich anbahnende offene Konflikt wurde lediglich durch den überraschenden Tod Nūr ad-Dīns im Mai 1174 vermieden. Saladins ganzes Trachten war es nun, sich gegen Nūr ad-Dīns Verwandtschaft, vor allem gegen dessen noch minderjährigen Sohn durchzusetzen. Dabei bediente er sich der Begründung, daß sich im Interesse des *ǧihāds* gegen die Ungläubigen alle Muslime vereinen müßten – sprich, sich ihm zu unterwerfen hätten. Ohne größere Mühen konnte Saladin sich Syrien bis hinauf nach Ḥamāh untertan machen. Rückendeckung erhielt er dabei aus Bagdad. Um der gemeinsamen Sache willen billigte der Kalif nicht nur, daß Saladin sich des ehemaligen Herrschaftsbereichs Nūr ad-Dīns bemächtigt hatte, sondern auch alle zukünftigen Eroberungen. Damit verschaffte er ihm die nötige Legitimation in den Augen der Gläubigen.

Gleichwohl ließ sich Saladin – von einigen kleineren militärischen Aktionen abgesehen – Zeit, ehe er gegen die Ungläubigen losschlug. Als Voraussetzung dazu baute er zunächst seine Machtbasis im nördlichen Syrien und in Mesopotamien aus. Die nötige Bewegungsfreiheit verschaffte er sich über Jahre hinweg durch eine Reihe von Waffenstillstandsverträgen mit den Franken, die ihn zunächst kurzsichtig gewähren ließen. Als sie die heraufziehende Gefahr erkannten und im Abendland dringend um Unterstützung baten, verhallten ihre Hilferufe ungehört – zu sehr war man dort mit sich selbst beschäftigt.

Zu guter Letzt lieferten gar die Franken dem immer mächtiger gewordenen Saladin, der nur noch auf eine günstige Gelegenheit wartete, den benötigten Casus belli: Mitten im Frieden hatte Reinald von Châtillon, der Herr von al-Karak, eine muslimische Karawane überfallen. Saladin rief daraufhin den *ǧihād* aus und fiel in das Königreich Jerusalem ein, wo er Tiberias erstürmte – allein die Zitadelle der Stadt leistete noch Widerstand.

Anders als in früheren Jahren hatten es die Franken jetzt mit einem großen Heer aus ägyptischen, syrischen und mesopotamischen Truppen zu tun, das zudem von einem tüchtigen und charismatischen Feldherrn geführt wurde. König Guido von Lusignan (1186–1192) rief eiligst das Heer des Königreichs zu den Waffen, dem sich auch die Ritterorden der Templer und Hospitaliter anschlossen. Es war die größte Streitmacht, die von den Kreuzfahrern im Heiligen Land jemals aufgeboten wurde: etwa 20 000 Mann, darunter wohl 1200 schwergepanzerte Ritter und 4000 Mann leichte Kavallerie.

Das fränkische Heer lagerte zunächst bei Saffūriyya, wo es ausreichend Wasser und Weideland gab. Anstatt aber hier in sicherer Stellung abzuwarten, ließen sich die Christen dazu verleiten, ihr Lager aufzugeben, um die belagerte Zitadelle von Tiberias zu entsetzen. Den Weg dorthin aber hatte ihnen Saladin zwischenzeitlich verlegt. Am 3. Juli brach das fränkische Heer in Richtung Tiberias auf. Bei glühender Sommerhitze, von Durst gepeinigt und ständigen Angriffen von Saladins berittenen Bogenschützen ausgesetzt, gelang es ihnen weder, nach Tiberias vorzustoßen, noch zu den rettenden Ufern des Sees von Genezareth durchzubrechen. Erschöpft und durstig, mußten die Kreuzfahrer und ihre Pferde die Nacht ohne Wasser zubringen. Am Morgen des 4. Juli 1187 eröffnete Saladin in für ihn günstiger Ausgangspositon unweit des Dorfes Ḥaṭṭīn die Schlacht. Bei etwa gleicher Truppenstärke fügte er den Kreuzfahrern eine verheerende Niederlage zu. Dem in Gefangenschaft geratenen König Guido von Lusignan schenkte Saladin das Leben, «weil ein König keinen König tötet», wie der Chronist Bahā' ad-Dīn vermerkt. Die überlebenden Templer und Johanniter ließ er jedoch alle hinrichten, weil sie, wie es bei Ibn al-Aṯīr heißt, «im Krieg gefährlicher sind als alle übrigen Franken zusammen».

Im Anschluß an diesen Triumph eroberte Saladin in raschem Siegeslauf fast das ganze Königreich von Jerusalem. Nennenswerte Gegenwehr konnten die Christen nicht mehr leisten, da ihr Heer bei Ḥaṭṭīn fast vollständig vernichtet worden war. Am 2. Oktober kapitulierte Jerusalem vor Saladin. Bei seinem Einzug in die Stadt enthielt sich der Sieger nicht nur allen Blutvergießens, sondern verbot auch jegliches Plündern. Für Saladin

Abb. 6: Schlachtszene zwischen Christen und Muslimen. Relativ selten ist in europäischen Darstellungen die hier getroffene deutliche Unterscheidung der Parteien: Die Muslime werden mit Turban und Bart gekennzeichnet, die Kreuzritter mit dem für das 13. Jh. typischen Topfhelm.

stellte die Einnahme der Heiligen Stadt vor dem Hintergrund des von ihm wiederbelebten Gedankens des «Heiligen Krieges» gegen die Ungläubigen einen großen, propagandistisch wirksamen Erfolg dar. Mit entsprechenden Worten wurde denn auch die Eroberung Jerusalems durch Saladin von dessen Sekretär ʿImād ad-Dīn al-Iṣfahānī (1125–1201) gepriesen, das «vom Dreck der schmutzigen Franken gereinigt war und das Kleid der Erniedrigung ausgezogen hatte, um das Gewand der Ehre wieder anzulegen».

Im Jahr darauf wandte Saladin seine Waffen gegen die Grafschaft Tripolis und das Fürstentum Antiochia. Diese beiden Herrschaften vermochte er jedoch nicht so vollständig in die Knie zu zwingen wie das Königreich Jerusalem. Weder wurden die Hauptstädte Tripolis und Antiochia erobert, noch das von den Templern verteidigte Tortosa. Auch die beiden gewaltigen

Johanniter-Festungen Krak des Chevaliers und al-Marqab leisteten erfolgreich Widerstand.

Die Nachricht von der Niederlage von Ḥaṭṭīn und dem Fall Jerusalems erfüllte Europa und seine Mächtigen mit Erschrekken und Besorgnis. Papst Urban III. (1185–1187) starb angeblich gar vor Betroffenheit über die schlimme Kunde. Sein Nachfolger auf dem Stuhle Petri, Gregor VIII. (Oktober – Dezember 1187), rief unverzüglich zu einem neuen, dem später sogenannten Dritten Kreuzzug auf, erlebte aber dessen Realisierung nicht mehr; nach einem Pontifikat von nur zwei Monaten verstarb auch er. Sein Werk setzte Clemens III. (1187–1191) fort. Der normannische König Siziliens, Wilhelm II. «der Gute» (1166–1189), reagierte umgehend und schickte noch 1187 eine Flotte von fünfzig Galeeren in den Osten, die bei der Verteidigung von Tripolis wertvolle Hilfe leisteten. Vor allem aber nahm der vornehmste Herrscher der lateinischen Christenheit, Kaiser Friedrich I. Barbarossa (1152–1190), im April 1189 das Kreuz. Ob der Kaiser tatsächlich ein Ultimatum an Saladin sandte, wie ein – nachweislich unechter – Briefwechsel suggeriert, ist zwar in der Forschung umstritten, aber gleichwohl nicht ganz von der Hand zu weisen. Mit dem vermutlich größten Kontingent, das im Verlauf der Orient-Kreuzzüge im Abendland von einem einzelnen Fürsten aufgestellt wurde, brach Barbarossa bereits im Mai 1189 von Regensburg aus auf. Er wählte, wie schon vor ihm die Aufgebote des Ersten und Zweiten Kreuzzuges, den Landweg, unterwegs auf eiserne Disziplin achtend. In Konstantinopel kam es allerdings mit dem mißtrauischen byzantinischen Kaiser Isaak II. Angelos (1185–1195) zu ernsthaften Schwierigkeiten, die fast in einen offenen Krieg umgeschlagen wären. Trotz großer Verluste in Kämpfen mit den Seldschuken und den Strapazen des Marsches gelang es Barbarossa, sein Heer mehr oder weniger wohlbehalten durch Anatolien bis ins fruchtbare Kilikien zu führen. Als der Kaiser jedoch dort am 10. Juni 1190 im Fluß Göksu – dem antiken Kalykadnos und mittelalterlichen Saleph – unweit von Seleukeia (heute Silifke) ertrank, lief das einst so stattliche Heer auseinander. Die meisten schifften sich noch in Kilikien ein und traten die Heimreise an; nur ein kleiner Teil des deutschen Heeres erreichte im Oktober 1190 Akkon.

Dort war bereits seit Sommer 1189 ein heftiger Belagerungskrieg im Gang. Für Saladin völlig überraschend, hatte König Guido von Lusignan, den der Sultan gegen Zahlung eines Lösegeldes und das Versprechen, außer Landes zu gehen, auf freien Fuß gesetzt hatte, statt seine Zusage zu erfüllen, am 28. August 1189 Akkon angegriffen. Als ein erster Versuch, die Stadt im Sturm zu nehmen, fehlschlug, nahm Guido von Lusignan entschlossen die Belagerung auf. Dabei erhielt er auf dem Seeweg wertvolle Unterstützung, indem immer wieder neue Schiffe mit Kreuzfahrern eintrafen – Dänen, Friesen, Italiener und Franzosen, schließlich auch noch Deutsche unter der Führung des Landgrafen von Thüringen. Saladin versuchte vergeblich, den Belagerungsring zu durchbrechen. Bei wechselndem Kriegsglück gelang keiner Seite ein durchschlagender Erfolg.

Im April 1191 erschien schließlich die Flotte des französischen Königs vor Akkon. Philipp II. August (1180–1223) hatte noch vor Barbarossa das Kreuz genommen, war aber durch kriegerische Auseinandersetzungen mit seinem englischen Rivalen zunächst am Antritt des Kreuzzuges gehindert worden. Nach Beilegung dieser Streitigkeiten brach auch Richard I. Löwenherz (1189–1199) in den Orient auf. Auch er wählte den Seeweg. Da er jedoch unterwegs erst noch Zypern eroberte und dieses so den Byzantinern entriß, erreichte er Akkon erst Anfang Juni.

Das solcherart erheblich angewachsene Heer der Kreuzfahrer verstärkte seinen Belagerungsdruck auf Akkon, das schließlich am 12. Juli 1191, gegen den Willen Saladins, kapitulierte. König Philipp von Frankreich sah damit sein Kreuzzugsgelübde erfüllt und trat Ende Juli die Heimreise an. König Richard Löwenherz hingegen kämpfte noch ein weiteres Jahr gegen Saladin, wobei er sich als glänzender Feldherr hervortat; obwohl zahlenmäßig unterlegen, gelang es ihm, dem Sultan mehrere schwere Niederlagen zuzufügen. Saladin verfügte zwar über die größeren Ressourcen an Menschen, aber er gebot nicht über ein stehendes Heer; die meisten seiner Krieger waren des Kämpfens müde und wollten nach Hause, um ihre Güter und Felder zu bewirtschaften. Angesichts der Tatsache, daß keiner der beiden Gegner den anderen niederzuwerfen vermochte, kam es zu einem Verständigungsfrieden am 2. September 1192. Die Christen zogen dabei vermutlich die besseren Karten: Mit Ausnahme von Gaza und Askalon erhielten sie die vergleichsweise bevölkerungsreichen und für den europäisch-asiatischen Transithandel bedeutsamen Städte an der Küste zurück. Das Binnenland dagegen blieb in des Sultans Händen. Den Christen war es zwar nicht gelungen, das wohl logistisch ohnehin nicht zu haltende Jerusalem zurückzuerobern, aber immerhin gestattete Saladin christlichen Pilgern den ungehinderten Besuch der Heiligen Stadt.

Im Oktober 1192 trat Richard Löwenherz die Heimreise an. Sultan Saladin entließ sein Heer und begab sich nach Damaskus, wo er am 4. März 1193 im Alter von fünfundfünfzig Jahren nach kurzer Krankheit verstarb. Obwohl sich Saladin sowohl in seinem Kampf gegen muslimische Rivalen als auch gegen die Kreuzfahrer propagandistisch des *ǧihād*-Gedankens bediente, war er kein religiöser Eiferer. Seine immer wieder an den Tag gelegte Gerechtigkeit und Milde gegenüber Verlierern und Unterworfenen prägte maßgeblich das Bild des «edlen Heiden» in der europäischen Literatur, wie es etwa in Gotthold Ephraim Lessings «Nathan der Weise» begegnet.

3. Fränkisch-ayyubidisches Intermezzo: Der verzögerte Niedergang

Angesichts seines Todes hatte Saladin 1193 das von ihm geschaffene Ayyubidenreich unter seinen drei Söhnen und seinem Bruder al-Malik al-ʿĀdil aufgeteilt. Durch geschicktes diplomatisches Vorgehen gelang es al-ʿĀdil I. (1193–1218) in der Folgezeit, sich gegen seine Neffen durchzusetzen und sich die Oberherrschaft über das Reich zu sichern. Um es in Form eines Bundesstaates regieren zu können, teilte er es im Jahre 1200 in drei Teilreiche auf. Mit deren Regierung betraute er seine drei Söhne: Al-Ašraf erhielt die Ǧazīra, al-Kāmil Ägypten und al-Muʿaẓẓam Syrien und Palästina – soweit diese Gebiete sich nicht im Besitz der Kreuzfahrer befanden – sowie die Landstriche jenseits des Jordans bis zum Golf von Akaba hinunter mit den wichtigen Festungen aš-Šaubak und al-Karak.

Der Waffenstillstand, den Saladin und Richard Löwenherz ausgehandelt hatten, war auf drei Jahre befristet gewesen. Gleichwohl hielt ihn al-ʿĀdil weiter aufrecht. Nach den großen menschlichen und finanziellen Opfern, die Saladins Kriege dem Reich abverlangt hatten, verschaffte er diesem dadurch eine dringend nötige Phase der inneren Ruhe und Erholung – eines Friedens, von dem allerdings auch die Kreuzfahrerstaaten profitierten.

In al-ʿĀdils Regierungszeit fällt indes auch der von Papst Innozenz III. (1198–1216) initiierte Vierte Kreuzzug. Ziel dieses Kriegszuges sollte es sein, Ägypten, das Herz des Ayyubidenreiches, anzugreifen und zu erobern. Den zum Transport der Truppen benötigten Schiffsraum sollte Venedig stellen. Da die Kreuzfahrer aber die dafür geforderten finanziellen Mittel nicht aufbringen konnten und sich bei der «Serenissima» hoch verschuldet hatten, gewährte diese einen Zahlungsaufschub unter der Bedingung, daß die Kreuzfahrer das – christliche – Zara (heute Zadar) an der dalmatinischen Küste erobern sollten. Auf diese dem – ebenfalls christlichen – König von Ungarn unterstehende Stadt hatte Venedig schon länger ein Auge geworfen, da sie für seinen Handel und die Herrschaft über die Adria von einiger Bedeutung war.

Nach der erfolgreichen Einnahme Zaras gelang es Venedig, die Kreuzfahrer zu einem Angriff auf Konstantinopel zu überreden. Byzanz war für Venedig seit langem ein unliebsamer handels- und machtpolitischer Rivale in der Ägäis; gleichzeitig stand die Stadt am Bosporus durch ihre Lage Venedigs Interesse an einem ungestörten Schwarzmeerhandel im Wege. Außerdem war gefordert worden, daß das Patriarchat von Konstantinopel wieder der römischen Observanz unterstellt werden sollte und sich das Byzantinische Reich hinfort an der Finanzierung der Kreuzzüge zu beteiligen habe.

Um ihre Ziele zu erreichen, versuchten die Venezianer zusammen mit den Kreuzfahrern zunächst, einen Thronwechsel in

Konstantinopel herbeizuführen und einen ihnen genehmen Kaiser einzusetzen. Als dies jedoch am Widerstand der Byzantiner letztlich scheiterte, wurde die Stadt am 13. April 1204 erstürmt. Drei Tage lang wurde die alte kaiserliche Metropole auf das schrecklichste von einer rasenden, ein fürchterliches Blutbad anrichtenden Soldateska geplündert. Unschätzbare Kunstwerke wurden in blinder Zerstörungswut vernichtet oder erbeutet – seien es heißbegehrte Reliquien oder etwa die weltberühmte Quadriga, die heute in Venedig steht und immerhin vom Kunstverstand einiger plündernder Venezianer Zeugnis ablegt.

Nach der Einnahme der Stadt errichteten die Eroberer das Lateinische Kaiserreich von Konstantinopel mit Graf Balduin von Flandern als erstem Kaiser. Auch wenn die geschwächten Byzantiner nicht verhindern konnten, daß die Kreuzfahrer zudem Griechenland in ihre Gewalt brachten und unter sich aufteilten, vermochten sie doch, sich in Kleinasien zu halten. Vor allem das ihnen dort verbleibende Gebiet mit der Hauptstadt Nikaia konnte so zur Keimzelle einer byzantinischen Herrschaft werden, der 1261 die Vertreibung der verhaßten Lateiner aus Konstantinopel gelingen sollte. Den Seldschuken in Anatolien gereichte die Eroberung Konstantinopels durch die Kreuzfahrer insofern zum Nutzen, als es sie des Drucks enthob, den Byzanz auf sie ausgeübt hatte. Damit wurde einer weiteren Turkifizierung Kleinasiens Vorschub geleistet.

Auch wenn die Eroberung Konstantinopels eine Pervertierung des Kreuzzugsgedankens darstellte und als solche bereits damals im Abendland heftig kritisiert wurde, konnte insbesondere Venedig mit dem Ausgang des Vierten Kreuzzuges durchaus zufrieden sein. Ein wesentlicher Erfolg bestand für Venedig allein schon darin, daß es gelungen war, vom ursprünglichen Kriegsziel Ägypten abzulenken, so daß seine guten und einträglichen Handelsbeziehungen zu dem Land am Nil keinen Schaden genommen hatten.

Schon seit geraumer Zeit hatten die italienischen Seestädte versucht, mit Ägypten ins Geschäft zu kommen, da dieses den über das Rote Meer abgewickelten Indienhandel kontrollierte. Zu ersten erfolgversprechenden Kontakten kam es 1173/74, kaum daß Saladin in Ägypten an die Macht gelangt war. Saladin wollte eine Flotte aufbauen; dazu benötigte er vor allem Schiffsbauholz und Eisen – Materialien, die der rohstoffarme Vordere Orient nicht in ausreichender Menge zu bieten hatte. In der Folgezeit wurden denn auch Pisa und Venedig Handelsniederlassungen in Alexandria eingeräumt. Ägypten erhielt die gewünschten Rüstungsgüter, auch Waffen, aus Europa und exportierte dafür begehrte Gewürze, Alaun, Zucker und anderes, darunter auch ganze oder gemahlene Mumien, die in der damaligen europäischen Medizin Verwendung fanden.

Die Rüge, die der Kalif in Bagdad Saladin wegen dessen guter Beziehungen zu den christlichen Seemächten zuteil werden ließ, entkräftete der Sultan mit dem Argument, daß er für den Kampf gegen die Ungläubigen auf die Rüstungsimporte angewiesen sei. Ebenso wirkungslos verhallten auf der anderen Seite päpstliche Waffenembargos, die von den Italienern geschickt umgangen wurden. Die Handelsbeziehungen wurden auch unter al-ʿĀdil weiter gepflegt und ausgebaut. Unter seiner Regierung besaßen die Venezianer in Alexandria bereits ein Handelskontor, *fondaco* genannt (arab. *funduq*), eine eigene Kirche, ein Badehaus und sogar – in einem islamischen Land! – eine Weinstube.

Auch wenn es keinen Hinweis auf ein geheimes Abkommen zwischen al-ʿĀdil und Venedig gibt – wie dies von der älteren Forschung angenommen wurde –, mit dem Ziel, den geplanten Kreuzzug, von dem man in Kairo wohl erfahren haben dürfte, von Ägypten abzulenken, zeigte sich der Sultan doch angesichts der weiteren Entwicklung sichtlich erleichtert. In einem Brief versicherte er die Venezianer seiner Freundschaft und gewährte ihnen die Einrichtung eines zweiten Kontors in Alexandria.

Was al-ʿĀdil allerdings nicht verhindern konnte, war, daß Innozenz III. bereits 1213 zu einem neuen Kreuzzug aufrief, an dem teilzunehmen auch der römisch-deutsche König Friedrich II. anläßlich seiner Krönung in Aachen im Juli 1215 gelobte. Anders als der junge Staufer, der sich bis zum Antritt seiner Kreuzfahrt geraume Zeit lassen sollte, brachen König Andreas II. von Ungarn (1205–1235) und Herzog Leopold VI. von Österreich schon 1217 auf. Wiederum sollte Ägypten angegriffen werden. Das Unternehmen war insofern klug abgesichert, als sich die Kreuzfahrer nicht gescheut hatten, ein Angriffsbündnis mit ihren alten Feinden in Anatolien, den Rumseldschuken, einzugehen. Deren Sultan Kaikāʾūs (1210–1219) hegte Eroberungsabsichten gegenüber dem nördlichen Syrien und versprach, parallel mit dem Angriff der Kreuzfahrer auf Ägypten dort gegen die Ayyubiden loszuschlagen.

Die Flotte der Kreuzfahrer erreichte im April 1218 Ägypten und nahm im Mai die Belagerung der wichtigen Hafenstadt Damiette an der Mündung des östlichen Nilarms auf. Ein Entsatzversuch al-Kāmils (1218–1238), der die Nachfolge seines im August verstorbenen Vaters al-ʿĀdil angetreten hatte, scheiterte im Oktober kläglich. Schon schien ihm die Lage so bedrohlich, daß er den Kreuzfahrern für den Fall ihres Abzugs anbot, alle Eroberungen Saladins westlich des Jordans einschließlich Jerusalems an sie abzutreten. Die Kreuzfahrer lehnten jedoch das Angebot ab. Der päpstliche Legat wollte dem Islam den Todesstoß versetzen, die italienischen Seestädte wollten Ägypten ihrer Handelskontrolle unterwerfen, und die Ritterorden meinten, die Inbesitznahme Jerusalems sei ohne gleichzeitige Rückgabe der Gebiete östlich des Jordans sinnlos, weil militärisch unhaltbar. Im November 1219 konnten die Kreuzfahrer endlich Damiette einnehmen, wo sie zunächst ihre Stellung ausbauten, ehe sie im Sommer 1221 beschlossen, nach Süden zu ziehen und die ägyptische Hauptstadt Kairo zu erobern. In dieser Krisensituation kamen al-Kāmil seine beiden Brüder zu Hilfe, die aus Syrien Truppen heranführten. Der Koalition der ayyubidischen Brüder gelang es im August, die Kreuzfahrer noch im Nildelta bei al-Manṣūra zu schlagen und zum Verlassen des Landes zu zwingen.

Mit der gemeinsamen Abwehr der Kreuzfahrer hatte allerdings das gute Einvernehmen der Söhne al-ʿĀdils ein Ende gefunden. In den folgenden Jahren bestimmte ein Bruderzwist um die politische Vorherrschaft im Ayyubidenreich vor allem in Syrien und Palästina die Lage. Bei all diesen Auseinandersetzungen mit stetig wechselnden Bündnispartnern – auch den Franken – trat der Gedanke des «Heiligen Krieges» gegen die Ungläubigen wieder völlig in den Hintergrund. Es ging allein um Real- bzw. Machtpolitik.

Schon rüstete sich al-Kāmil, mit Heeresmacht gegen seinen Bruder al-Muʿaẓẓam von Damaskus zu ziehen, als er von den Kreuzzugsvorbereitungen Kaiser Friedrichs II. (1198/1212–1250) überrascht wurde. Al-Kāmil, der zuförderst seine Vorherrschaftsansprüche im Ayyubidenreich durchsetzen wollte, war an einem neuen Schlagabtausch mit den Christen nicht gelegen. Er nahm deshalb mit dem Kaiser noch vor dessen Aufbruch diplomatischen Kontakt auf und schlug ihm eine vertragliche Lösung vor, welche die Rückgabe Jerusalems vorsah. Auch Friedrich II. hatte kein Interesse an einem Krieg, brauchte aber als vom Papst Gebannter das Prestige eines erfolgreichen Kreuzfahrers. Was trotz aller Anstrengungen auf dem Dritten Kreuzzug und des kurz zurückliegenden Debakels in Ägypten nicht gelungen war, nämlich die Rückgewinnung Jerusalems für die Christenheit, war nun zum Greifen nahe.

Friedrich II. stach denn auch nur mit einer relativ kleinen Begleitmannschaft in See, nachdem er bereits fünfhundert Ritter unter seinem Marschall Richard Filangieri vorausgeschickt hatte. Im September 1228 traf er in Akkon ein. Bereits im Februar 1229 handelten der Kaiser und der Sultan – «gegen den Widerstand der religiösen Eiferer in beiden Lagern» (Heinz Halm) – einen Kompromiß aus: Nazareth, Bethlehem, Lydda, Sidon und Toron wurden den Christen ebenso zurückgegeben wie Jerusalem – jedoch ohne den Felsendom und die al-Aqṣā-Moschee, die in muslimischer Hand verblieben. Allerdings sollte den Christen erlaubt sein, ebenfalls im Felsendom ihre Andacht zu verrichten. Dieser Friedensvertrag wurde auf die Dauer von zehn Jahren geschlossen.

Am Samstag, dem 17. März 1229, zog der Kaiser in Jerusalem ein, wo er sich zum Gebet in die Grabeskirche begab. Am nächsten Morgen fand ein Sonntagsgottesdienst in der Kirche statt, dem der exkommunizierte Kaiser allerdings nicht beiwohnte. Erst im Anschluß daran betrat er die Kirche und setzte sich – ohne jegliche religiöse Zeremonie und Weihe, die der Patriarch dem Gebannten auch nicht hätte spenden dürfen, – die auf dem Altar liegende Krone der Könige von Jerusalem aufs Haupt, die er als Gemahl der jugendlichen Erbin des Königreichs, Isabella II. von Brienne, bereits seit seiner Vermählung im November 1225 beanspruchte. Am 1. Mai schiffte sich Friedrich II. in Akkon ein, um die Heimreise anzutreten.

Als gewiefter Diplomat die politische Lage richtig einschätzend, hatte al-Kāmil die von einem Kreuzzug für ihn und seine Pläne ausgehende Gefahr geschickt gebannt. In den folgenden Jahren gelang es ihm, seinen Führungsanspruch im familiär-föderalistisch geprägten Reich der Ayyubiden erfolgreich durchzusetzen. Kaum daß indes al-Kāmil im März 1238 gestorben war, wurde das Reich erneut von Nachfolgekämpfen erschüttert, aus denen schließlich sein Sohn al-Malik aṣ-Ṣāliḥ Ayyūb als Sieger hervorging.

Eingedenk der bitteren Erfahrung, daß während der Kämpfe um die Macht einmal mit Ausnahme seiner persönlichen Mamluken sein ganzes Heer von ihm abgefallen war, traf er eine folgenschwere Entscheidung: 1240 in Ägypten an die Regierung gelangt, beschloß er, diese türkischen Kriegssklaven hinfort zur Hauptstütze seiner Herrschaft zu machen. Wie kein Herrscher vor ihm kaufte er deshalb planmäßig eine große Anzahl von Mamluken. Aus diesen ihm völlig ergebenen Soldaten bildete er den Kern seiner Armee und seiner Leibwache.

Doch noch ehe al-Malik aṣ-Ṣāliḥ sich in Ägypten gegen seinen unfähigen Halbbruder al-ʿĀdil II. (1238–1239) durchgesetzt hatte, war 1239 der Friedensvertrag abgelaufen, den al-Kāmil mit Friedrich II. geschlossen hatte. Im Hinblick darauf ließ Papst Gregor IX. (1227–1241) in England und Frankreich zum Kreuzzug aufrufen. Schon im September landete Theobald, Graf von der Champagne und König von Navarra, mit einem Kreuzzugsheer in Akkon. Der Zeitpunkt war angesichts der internen ayyubidischen Streitereien günstig gewählt, welche die Franken auszunutzen gedachten. Anfang November 1239 marschierte Theobald mit seinen Truppen, begleitet von Aufgeboten der Ritterorden und einheimischer Barone, von Akkon in Richtung der ägyptischen Grenze. Bei Gaza kam es am 13. November zur Schlacht mit dem eiligst herangezogenen ägyptischen Heer, in deren Verlauf die Kreuzfahrer geschlagen wurden. Kurze Zeit später, Anfang Dezember, fiel Jerusalem, das die Franken wieder zu befestigen begonnen hatten, in die Hände an-Nāṣir Dā'ūds, des ayyubidischen Fürsten von al-Karak.

Trotz der schweren Niederlage bei Gaza waren die Franken, gestärkt durch die Scharen Theobalds von der Champagne, jedoch immer noch ein ernstzunehmender Gegner. An sie wandte sich auf der Suche nach Verbündeten jetzt der ayyubidische Fürst von Damaskus, aṣ-Ṣāliḥ Ismā'īl. Für die Zusicherung ihrer Hilfe im Falle eines gegen ihn gerichteten ägyptischen Angriffs lieferte er ihnen einige wichtige Burgen wie etwa Ṣafad und Beaufort sowie die dazugehörigen Gebiete aus. Jerusalem – ohne den heiligen Bezirk – und vermutlich Tiberias wurden ihnen ebenfalls zurückgegeben. Als jedoch der ägyptische Sultan aṣ-Ṣāliḥ Ayyūb seinerseits den Franken ein Bündnis vorschlug und ihnen die Rückgabe Askalons und Gazas anbot, wechselten sie kaltblütig die Seiten und ließen aṣ-Ṣāliḥ Ismā'īl von Damaskus im Stich. Kurz nach Abschluß dieser Vereinbarungen verließ Graf Theobald im Herbst 1240 das Heilige Land.

Nur wenige Wochen nach Theobalds Abreise traf Graf Richard von Cornwall, der Bruder König Heinrichs III. von England, mit einem Kreuzzugsheer in Akkon ein. Mit viel Geschick vertiefte er das Bündnis mit dem Sultan in Kairo und erreichte weitere Gebietsabtretungen. Als auch er die Heimreise antrat, hatte das Königreich von Jerusalem seine größte Ausdehnung seit 1187 erreicht.

Doch schon wieder kam es zu einem Wechsel der Allianzen: Aus Furcht, Sultan aṣ-Ṣāliḥ Ayyūb könnte zu stark werden, fanden sich im Frühjahr 1244 seine ayyubidischen Verwandten von Damaskus, al-Karak und Ḥimṣ mit den Franken zu einem Bündnis gegen ihn zusammen. Am 17. Oktober trafen die beiden Armeen in der Nähe von Gaza aufeinander. Die sich entwickelnde Schlacht geriet für die Armee der Koalitionäre zur Katastrophe. Die Franken erlitten die schwerste Niederlage seit Ḥaṭṭīn und waren fortan nicht mehr in der Lage, eine ähnlich große Streitmacht aufzubieten.

4. Das Ende von Outremer: Vom Aufstieg der Mamluken bis zum Fall Akkons 1291

Nur wenige Tage nach der verhängnisvollen Niederlage bei Gaza schickte der Patriarch Robert von Jerusalem den Bischof von Beirut nach Europa, um die christlichen Fürsten des Abendlandes zu einem neuen Kreuzzug zu bewegen. Hilfe tat dringend not, sollte das Königreich von Jerusalem vor dem drohenden Untergang bewahrt werden. Aus eigener Kraft konnte es auf absehbare Zeit kaum die erlittenen Verluste an kampffähigen Mannschaften ausgleichen. Ohne die jetzt immer bedeutsamer werdende Unterstützung durch die Ritterorden wären die Besitzungen in Outremer schon zu diesem Zeitpunkt nicht mehr zu halten gewesen.

Diesmal war es der französische König Ludwig IX. (1226–1270), genannt «der Heilige», der Hilfe versprach und das Kreuz nahm. Nach drei Jahren waren seine Kreuzzugsvorbereitungen abgeschlossen. Im August 1248 schiffte sich der König in dem eigens dafür angelegten Hafen Aigues-Mortes nach Zypern ein, das er im September erreichte. Dort einigte man sich auf Ägypten als Angriffsziel und verbrachte die Wintermonate mit weiteren Zurüstungen. Schließlich stach die Flotte im darauffolgenden Mai wieder in See. Am 4. Juni 1249 ging das königliche Geschwader bei Damiette vor Anker. Gleich am nächsten Morgen begann das Landungsunternehmen. In der sich dabei entwickelnden Schlacht versagten die ägyptischen Verteidiger jämmerlich; den Kreuzfahrern gelang dadurch sogar die kampflose Einnahme der wichtigen Stadt. König Ludwig beging jetzt aber zwei verhängnisvolle Fehler: Weder eroberte er Alexandria, noch nahm er die Verfolgung der geschlagenen Armee auf. Erst im November setzte er sich in Marsch und stieß ins Landesinnere vor, wo inzwischen Sultan aṣ-Ṣāliḥ Ayyūb seine Truppen neu formiert hatte. Doch noch einmal schien Ludwig das Glück hold. In der Nacht vom 22. auf den 23. November starb der Sultan in seinem Feldlager bei al-Manṣūra. Sein Tod beraubte Staat und Armee zunächst der einheitlichen Führung, da des Sultans Sohn und Erbe Tūrānšāh als Vizekönig in den östlichen Provinzen des Ayyubidenreiches weilte.

Abb. 7: Kampfszene aus dem 13. Jh. zwischen Kreuzfahrern und Muslimen. Auffällig die frühe Darstellung der Muslime mit Säbeln als Hiebwaffe, die zu dieser Zeit im Vorderen Orient gerade erst in Gebrauch kamen.

In dieser Krisensituation ergriff des Sultans Witwe Šağar ad-Durr («Perlenbaum») entschlossen die Initiative. Unterstützt von den mamlukischen Offizieren ihres verstorbenen Gemahls nahm sie als Sultanin mit dem Thronnamen «Königin der Muslime» (*malikat al-muslimīn*) die Regierung in ihre Hand. Gleichzeitig gelang es den türkischen Mamlukengarden, den Vormarsch des französischen Heeres bei al-Manṣūra zu stoppen und es von seinen Nachschubverbindungen abzuschneiden. Von ständigen Kämpfen, Hunger und Krankheiten geschwächt, wurde die Lage für die Kreuzfahrer aussichtslos. Im April 1250 kapitulierte König Ludwig IX. und ging mit den Resten seines Heeres in Gefangenschaft. Mit dem inzwischen in Kairo eingetroffenen Sohn und Nachfolger aṣ-Ṣāliḥs, Tūrānšāh, wurde ein

Vertrag ausgehandelt, der dem König gegen die Preisgabe Damiettes und die Zahlung eines horrenden Lösegeldes die Freiheit wiedergab.

Der Kreuzzug Ludwigs des Heiligen war für die christliche Seite ein schrecklicher Fehlschlag. Für die Geschichte des Vorderen Orients war er aber vor allem insofern von Bedeutung, als die türkischen Mamluken ihn zum Scheitern gebracht hatten, denen letztlich die Zukunft am Nil gehören sollte. Noch ehe König Ludwig die Freiheit wiedererlangte, kam es in Ägypten zu einem folgenschweren Ereignis: Am 2. Mai 1250 ermordeten mamlukische Offiziere Tūrānšāh, den letzten selbständig regierenden Sultan aus der Familie Saladins, und putschten sich selbst an die Regierung. In der Folge versank das Land am Nil für die nächsten zehn Jahre in einem politischen Chaos, in dem die verschiedenen Fraktionen der Armee erbittert um die Macht kämpften. Gleichzeitig führte dies zu einer außenpolitischen Schwächung Ägyptens und zu einem Wiedererstarken der verschiedenen noch verbliebenen ayyubidischen Fürstentümer in der Ǧazīra und in Syrien. Auch für die Franken in Outremer bedeutete dies eine Zeit äußeren Friedens, die allerdings von schwerem internem Parteiengezänk überschattet wurde.

Diese Phase sollte indes nicht von langer Dauer sein. 1258 erschütterte ein Ereignis von geradezu welthistorischer Bedeutung die islamische Welt. Von Osten kommend, hatten die Mongolen zunächst den Iran erobert und dann Bagdad, die alte Kalifenstadt am Euphrat, erstürmt und verwüstet sowie das abbasidische Kalifat ausgelöscht. Im Herbst 1259 hatten die Mongolen ihre Vorbereitungen für einen Einmarsch in Syrien abgeschlossen. Den Besitz Syriens teilten sich damals in der Hauptsache der ayyubidische Sultan an-Nāṣir Yūsuf von Damaskus und Aleppo und die Franken, welche die dortigen Küstenregionen innehatten und teilweise – fälschlich – in den Mongolen willkommene Verbündete in ihrem Kampf gegen die Muslime sahen.

Ängstlich und verzagt wagte an-Nāṣir Yūsuf, der mächtigste ayyubidische Fürst Syriens, nicht, gegen die Mongolen zu kämpfen, die daraufhin im März 1260 im Triumph in Damaskus einzogen. Dem ayyubidischen Fürstentum von al-Karak und aš-Šaubak blieb die Eroberung durch die Mongolen jedoch erspart, da diese sich auf Ägypten konzentrieren mußten. Dort hatte nämlich 1259 angesichts der Bedrohung durch die Mongolen der mamlukische Offizier Quṭuz die Macht an sich gerissen. Die Aufforderung zur Kapitulation beantwortete er mit der Hinrichtung der mongolischen Gesandten. Nun war der Krieg unvermeidlich. In den frühen Nachmittagsstunden des 3. September 1260 begann bei ʿAin Ǧālūt die Entscheidungsschlacht zwischen der von Sultan Quṭuz geführten ägyptisch-mamlukischen Armee und den in Syrien stationierten mongolischen Einheiten unter ihrem Feldherrn Kitbuġā. Bei annähernd zahlenmäßiger Ebenbürtigkeit wurde die mongolische Armee durch geschickte taktische Manöver der Mamluken vernichtend geschlagen. Kitbuġā hatte wahrscheinlich im Kampfgetümmel den Tod gefunden. Die Überlebenden der mongolischen Streitmacht versuchten, sich nach Norden durchzuschlagen.

Mit ihrem Sieg bei ʿAin Ǧālūt hatten die Mamluken einem weiteren Vordringen der Mongolen im Nahen Osten erfolgreich Einhalt geboten und den sunnitischen Islam gerettet. Gleichzeitig war Sultan Quṭuz durch die Vertreibung der Mongolen auch Herr von Syrien geworden. Er konnte nun daran gehen, die nötigen Verwaltungsmaßnahmen zu treffen, die Syrien für annähernd zweihundertfünfzig Jahre in dem von Kairo aus regierten zentralistischen Mamlukenstaat aufgehen lassen sollten.

Die beiden wichtigsten syrischen Städte, Aleppo und Damaskus, wurden mamlukischen Statthaltern unterstellt. Den noch lebenden ayyubidischen Teilfürsten von Ḥimṣ, Ḥamāh und al-Karak gegenüber verhielt sich Sultan Quṭuz entgegenkommend. Sie alle wurden in ihren Herrschaften bestätigt und lediglich in den Gesamtstaat eingebunden. Dadurch war der oberlehnsherrlichen Stellung des mamlukischen Sultans Ausdruck gegeben. Quṭuz sollte sich seines Triumphes allerdings nicht lange erfreuen dürfen. Auf dem Rückmarsch des Heeres nach Ägypten wurde er unterwegs von Offizierskameraden ermordet. Einer der Verschwörer war der Emir Baybars, der jetzt von den anwesenden Offizieren zum neuen Sultan gewählt wurde.

Als Sultan wurde Baybars (1260–1277) zum eigentlichen Begründer des Mamlukenreiches. Zur Legitimation seiner Macht griff er ayyubidische Traditionen auf und verknüpfte sie geschickt mit spezifisch mamlukischen Herrschaftselementen. Anders als seine Vorgänger regierte er das Reich nicht in Form eines «dynastischen Bundesstaates» (Hans Ludwig Gottschalk). Es wurde vielmehr einem straffen Zentralismus mit dem Sultan als oberstem und alleinigem Herrn an der Spitze unterworfen. Syrien wurde in Provinzen aufgeteilt, deren Statthalter alle dem Sultan verantwortlich waren. Als geschickter Administrator bemühte sich Baybars um die innere Konsolidierung und Gesundung des Staates. Im Gegensatz zu der recht heterogenen ayyubidischen Streitmacht Saladins baute er eine straff organisierte und eiserner Disziplin unterworfene Armee auf, die – jederzeit einsatzbereit – bereits starke Züge eines stehenden Heeres aufwies.

Solcherart Syrien und Ägypten in seiner Hand vereinend und über eine schlagkräftige Armee verfügend, nahm Baybars den Kampf gegen die völlig in die Defensive gedrängten Kreuzfahrer wieder mit aller Schärfe auf. Der Tatsache eingedenk, daß sie in ihrer Schwäche dieser Machtkonzentration nichts Adäquates entgegenzusetzen hatten, suchten die Kreuzfahrer weitgehend jeder größeren offenen Feldschlacht aus dem Wege zu gehen. Sie verließen sich notgedrungen mehr auf den Schutz, den ihnen die zumeist von Kontingenten der Ritterorden verteidigten Burgen und Festungen noch gewähren konnten. Doch das Ende war letztlich nur noch eine Frage der Zeit.

Im März 1265 ging Cäsaräa verloren und im April des gleichen Jahres Arsūf; beide Städte ließ der Sultan in Trümmer legen. Andere Städte, Burgen und Festungen folgten, wie etwa im Juli 1266 die Templerfestung Ṣafad, deren Verteidiger Baybars nach der Kapitulation hinrichten ließ. In den Feldzügen von 1268–1272 wurden Jaffa und Beaufort eingenommen und das kilikische Königreich von Kleinarmenien ebenso wie die Grafschaft Tripolis in die Abhängigkeit gezwungen; vor allem aber wurde Antiochia am 18. Mai 1268 erobert. Nach der Einnahme der Stadt ließ Sultan Baybars die Tore schließen. Damit gab es kein Entkommen mehr für ihre Einwohner. Wer sich nicht in die Zitadelle zu retten vermochte, wurde erbarmungslos niedergemacht. Unter der Bedingung, daß man wenigstens ihr Leben schone, boten die in der Zitadelle Eingeschlossenen einen Tag später deren Übergabe an. Baybars stimmte zu und verteilte sie als Sklaven an seine Emire und Soldaten. Seiner Bevölkerung weitgehend beraubt, ausgeplündert und verwüstet, sollte sich das bis dahin blühende und volkreiche Antiochia nie mehr von diesem Schlag erholen. In Zukunft spielte es kaum noch eine Rolle und sank zu einer unbedeutenden Provinzstadt herab. Nach dem Fall Antiochias konnten auch die in der Nähe gelegenen Burgen der Christen nicht mehr gehalten werden. Damit brach die fränkische Herrschaft im nördlichen Syrien fast gänzlich zusammen.

Als Baybars am 1. Juli 1277 starb, sahen sich die Franken auf einige wenige Plätze zurückgeworfen. Einzig die Ritterorden waren es jetzt noch, die in den nächsten Jahren mit der Verteidigung ihrer Burgen seinem Nachfolger, Sultan Qalāwūn (1279–1290), ernsthaften Widerstand entgegenzusetzen imstande waren. Nach wochenlangen Kämpfen eroberten die Mamluken schließlich am 18. Mai 1291 Akkon. Allein die Templer leisteten in ihrem Ordenshaus noch einige Tage erbitterte Gegenwehr, bis auch sie sich ergeben mußten. Entgegen dem vereinbarten freien Abzug ließ der Sieger, Sultan al-Malik al-Ašraf Ḫalīl (1290–1293), sie allesamt enthaupten. Mit dem Fall Akkons war das Schicksal Outremers besiegelt. Wenig später ergab sich Tyrus kampflos dem Sultan, der nach kurzem Widerstand der Templer im Juli auch Sidon einnahm. Beirut, Haifa und die Templerfestungen von Tortosa und Chastel Pélerin (arab. *ʿAṯlīṯ*) folgten. Damit waren die Kreuzfahrerstaaten nach ziemlich genau zweihundert Jahren untergegangen.

Um sicherzugehen, daß sich eine solche Fremdherrschaft nie mehr wiederholte, zerstörten die Muslime die meisten an der Küste gelegenen Burgen und Städte und verwüsteten dort planmäßig das Land, während sie die weiter im Landesinnern gelegenen Festungen in Besitz nahmen und selbst weiternutzten. Dadurch sollte den Europäern die Möglichkeit genommen werden, jemals wieder von See her in Outremer Fuß zu fassen und die festen Plätze als Brückenkopf für eine erneute Eroberung des Landes nutzen zu können. Das Zerstörungswerk der Mamluken in Syrien und Palästina nach der Eroberung von Akkon – von dem sich das Land bis ins 19. Jahrhundert nicht erholen sollte – ist nicht nur ein Beleg für den im Laufe der Zeit aufgestauten Haß auf die Kreuzfahrer, sondern vor allem auch für die tiefsitzende Furcht, noch einmal zum Angriffsziel christlicher Eroberer aus dem Abendland zu werden.

Tatsächlich fehlte es christlicherseits denn auch zunächst nicht an Versuchen, das Heilige Land wiederzuerobern. Diese scheiterten jedoch meist schon in der Planungsphase, da sich die Kreuzzugsidee inzwischen abgenutzt hatte und bereits seit dem Zweiten Kreuzzug immer stärker zum Ziel der Kritik im Abendland geworden war. Schuld daran trug vor allem, daß die Kurie mittlerweile auch jeden Krieg als Kreuzzug deklarierte, der im Auftrag des Papstes gegen dessen Feinde im Inneren geführt wurde, seien es Ketzer wie die Albigenser oder politische Gegner wie die Staufer oder die aufständischen Stedinger Bauern. Zudem wurde die Aufmerksamkeit der abendländischen Christenheit seit dem 14. Jahrhundert zusehends durch das Vordringen der Osmanen auf dem Balkan in Anspruch genommen, zu deren Abwehr die späteren Kreuzzüge geführt wurden.

Epilog

Bis zum Beginn der Kreuzzüge hatte sich die islamische Welt aus dem Gefühl kultureller und religiöser Überlegenheit heraus kaum für das in ihren Augen rückständige Abendland interessiert. Seine Bewohner nahm man als unzivilisiert, schmutzig, barbarisch und moralisch minderwertig wahr. Diese Vorurteile und Einschätzungen wurden auch durch zwei Jahrhunderte persönlicher Kontakte und Erfahrungen mit den Kreuzfahrern nicht relativiert – wenn man ihnen daneben jetzt auch höchsten

Kampfesmut und militärische Tüchtigkeit bescheinigte –, sondern fanden durch die genauere Kenntnis und eigenen Augenschein sogar ihre Bestätigung. Andererseits hatte aber auf politischer und diplomatischer Ebene das Wissen über die Europäer und ihre Herkunftsländer sehr wohl beträchtlich zugenommen. Man hatte im späteren Mittelalter durchaus ein viel realistischeres und differenzierteres Bild über die europäischen Herrschafts- und Machtverhältnisse gewonnen als vor dem Beginn und in der Anfangsphase der Kreuzzüge. Abseits dieser pragmatischen Fragen regte sich jedoch kaum Neugierde in bezug auf das Abendland und seine Bewohner.

Die Regierungszeit des Sultans Baybars dürfte wesentlich zu dieser Entwicklung beigetragen haben. Dieser hatte den Muslimen ein im Inneren gefestigtes und wohlgegründetes Reich hinterlassen, das für die nächsten 250 Jahre zur bestimmenden Großmacht im Vorderen Orient wurde. Gleichzeitig belastete er aber – von der Forschung bislang so nicht wahrgenommen – sein großes Erbe mit einer schweren Hypothek: Zur moralischen Rechtfertigung seiner Regierungsmaßnahmen und seiner Feldzüge gegen die Franken griff er wieder in noch schärfer ausgeprägter Form als Saladin den Gedanken des *ǧihād* auf. Verstärkt finden wir muslimische Prediger und Eiferer in seinen Heeren und Feldlagern, deren Aufgabe es war, die Truppen religiös zu motivieren und auf den Kampf einzuschwören. In bislang nicht dagewesener Weise brach sich der Gedanke des «Heiligen Krieges» nun auch gegen orientalische Christen und vor allem gegen Abweichler oder Freigeister in den eigenen Reihen Bahn. Damit aber wurde das Tor hin zu einer Entwicklung aufgestoßen, die der islamischen Geisteswelt bislang fremd war. Der nun um sich greifenden, doktrinären Intoleranz fielen das spekulative Denken und die geistige Vielfalt zum Opfer, die bis dahin die islamische Wissenschaft und Gedankenwelt ausgezeichnet hatten. Letztlich erwuchs somit aus dem Geist des spätmittelalterlichen *ǧihād* die lange Zeit wirksame und teilweise noch heute im militanten Islam herrschende Unfreiheit des Denkens.

In Europa hingegen hatten die Kreuzzüge zu einer wesentlichen Erweiterung des intellektuellen und geographischen Horizontes beigetragen. Schon seit der Spätantike hatten Pilgerführer als Handbuch für Wallfahrer die heiligen Stätten beschrieben. Im Verlauf der Kreuzzüge gewannen diese Schilderungen immer größeren Umfang; dazu trat eine stetig wachsende Flut von Reiseberichten, die sich nun nicht mehr auf das Heilige Land und den Weg dorthin beschränkten, sondern den gesamten Vorderen Orient von Damaskus über Bagdad bis nach Kairo erfaßten. Sie beschäftigten sich mit der Fauna und Flora, der Landesnatur, aber auch mit den Bewohnern, ihrer Kultur, Religion und Lebensweise und stillten so den Wissensdurst der Europäer hinsichtlich des fremden Morgenlandes. Missionare, die nun gar bis zu den Mongolen und ins ferne China reisten, trugen ebenso zur Vermehrung der Kenntnisse bei wie die Kaufleute, die vom – während der Kreuzzüge keineswegs eingebrochenen, sondern vielmehr sogar intensivierten – einträglichen Handel mit der islamischen Welt profitierten.

Auf beiden Seiten bewirkten die Kreuzzüge eine verstärkte Selbstbewußtwerdung durch die Konfrontation mit den kulturell und religiös fremden Gegnern. Während sie im Orient jedoch angesichts der Bedrohung durch die christlichen Eroberer letztlich zu einer Einung der zerstrittenen muslimischen Fürstentümer – zunächst unter Saladin und dann für zweieinhalb Jahrhunderte im zentralistischen Mamlukenstaat – im Zeichen des Islam führten, traten in Europa verstärkt nationale Züge gegenüber einem christlichen Zusammengehörigkeitsgefühl in den Vordergrund.

Völlig unterschiedlich fällt denn auch die Wahrnehmung der Kreuzzüge aus: Obwohl aus militärischer Sicht ein Fehlschlag, wurden sie von der älteren europäischen Geschichtsschreibung häufig durchaus positiv konnotiert. Ins kollektive Gedächtnis der islamischen Welt hingegen prägten sie sich als traumatisierendes Ereignis ein, das dem Verhältnis zwischen Islam und Christentum nachhaltigen Schaden zufügte.

Hinweise zur Aussprache des Arabischen und Türkischen

ā langes a, wie in «lahm»
ī langes i, wie in «schief»
ū langes u, wie in «Ruhm»

a kurzes a, wie in «Lamm»
i kurzes i, wie in «Schiff»
u kurzes u, wie in «Rum»

Arabisch

ʾ Stimmritzenverschluß, wie in «beʾehren» oder «mein Eid» (im Gegensatz zu «Meineid»)
ʿ Kehllaut
ḏ stimmhaftes engl. th, wie in «mother»
ḍ dumpfes, am Obergaumen gebildetes d
ğ stimmhaftes dsch, wie in «Jeans»
ġ Kehllaut zwischen g und r
h stets hörbares h
ḥ stark behauchtes h (arab. muḥammad – Mohammed)
ḫ ch, wie in «Bach» (nie wie in «ich»!)
q dumpfes, gutturales k
r gerolltes Zungen-r
s stimmloses, scharfes s, wie in «reißen»
ṣ dumpfes, stimmloses s
š sch, wie in «Schiff»
ṯ stimmloses engl. th, wie in «three»
ṭ dumpfes t
w engl. w, wie in «well» (nicht wie deutsch «wie»!)
y j
z stimmhaftes s, wie in «reisen»
ẓ dumpfes stimmhaftes s

Türkisch

c dsch wie in Dschungel
ç tsch wie in Kutsche
ğ zwischen hellen Vokalen (e, i, ö, ü) wie deutsches j, zwischen dunklen Vokalen (a, ı, o, u) nur andeutungsweise gesprochenes Zäpfchen-r
h immer hörbar auszusprechen
ı dumpfes i, fast wie deutsches e, etwa in Sonne

i,İ i
r gerolltes Zungen-r
s scharfes s
ş sch
y j
z weiches, stimmhaftes s

Quellen in Auswahl

Ad milites templi. De laude novae militiae, in: Bernhard von Clairvaux. Sämtliche Werke lateinisch/deutsch, hrsg. von Gerhard B. WINKLER, Bd. 1, Innsbruck 1990, S. 258–326.

Albert von Aachen: Historia Hierosolymitana, in: Recueil des Historiens des Croisades. Historiens occidentaux IV, Paris 1879, S. 265–713 [dt. Übers: Herman HEFELE, Geschichte des Ersten Kreuzzuges, 2 Bde., Jena 1923].

Anna Komnene: Alexias, übers. von Diether Roderich REINSCH, Köln 1996.

Anonymi Gesta Francorum et aliorum Hierosolymitanorum, mit Erläuterungen hrsg. von Heinrich HAGENMEYER, Heidelberg 1890 [engl. Übers.: The Deeds of the Franks and other Pilgrims to Jerusalem, hrsg. und übers. von Rosalind HILL (= Medieval Texts), London u. a. 1962].

Balderich von Dol: Historia Jerosolymitana, in: Recueil des Historiens des Croisades. Historiens occidentaux IV, Paris 1879, S. 1–111.

Shlomo EIDELBERG: The Jews and the Crusades. The Hebrew Chronicles of the First and Second Crusades, Madison/Wisc. 1977.

Ekkehard von Aura: Hiersolymita, in: Recueil des Historiens des Croisades. Historiens occidentaux V 1, Paris 1886, S. 1–40.

Fulcher von Chartres: Historia Hierosolymitana, hrsg. von Heinrich HAGENMEYER, Heidelberg 1913 [engl. Übers.: A History of the Expedition to Jerusalem, übers. von Frances R. RYAN, hrsg. und mit einem Vorwort versehen von Harald S. FINK, Knoxville 1969].

[Francesco GABRIELI:] Die Kreuzzüge aus arabischer Sicht. Aus den arabischen Quellen ausgewählt und übersetzt von Francesco GABRIELI. Aus dem Italienischen von Barbara von Kaltenborn-Stachau unter Mitwirkung von Lutz Richter-Bernburg, München 1975.

Guibert von Nogent: Dei gesta per Francos, hrsg. von Robert B. C. HUYGENS (= Corpus Christianorum Continuatio Mediaevalis 127A), Turnhout 1996 [frz. Übers.: M. GUIZOT: Histoire des Croisades par Guibert de Nogent (= Collection des Mémoires relatifs à l'histoire de France 9), Paris 1825].

Historia de expeditione Friderici imperatoris, in: Anton CHROUST (Hrsg.), Quellen zur Geschichte des Kreuzzuges Kaiser Friedrichs I. (= MGH SS rer. Germ. N. S. 5), Berlin 1928, S. 1–115 [dt. Übers.: Der Kreuzzug Friedrich Barbarossas 1187–1190. Bericht eines Augenzeugen, eingel., übers. und kommentiert von Arnold BÜHLER, Stuttgart 2002].

Historia peregrinorum, in: Anton CHROUST (Hrsg.), Quellen zur Geschichte des Kreuzzuges Kaiser Friedrichs I. (= MGH SS rer. Germ. N. S. 5), Berlin 1928, S. 116–172.

[Ibn al-Aṯīr:] The chronicle of Ibn al-Athir for the crusading period from al-Kamil fi'l-ta'rikh, 3 Bde., übers. von D. S. RICHARDS, bislang erschienen: Bd. 1: The years 491–541/1097–1146. The coming of the Franks and the Muslim response (= Crusade Texts in Translation 13), Aldershot u. a. 2006.

Itinerarium peregrinorum et gesta regis Ricardi, hrsg. von William STUBBS (= Rerum Britannicarum Medii Aevi Scriptores 38,1 – Chronicles and Memorials of the Reign of Richard I., Bd. 1), London 1864 [engl. Übers.: Helen NICHOLSON (Übers.): Chronicle of the Third Crusade. A Translation of the Itinerarium Peregrinorum et Gesta Regis Riccardi (= Crusade Texts in Translation 3), Aldershot u. a. 1997].

Jean de Joinville: Vie de Saint Louis, hrsg. von Nathalie DE WAILLY, Paris 1868 [neu hrsg. und übers. von Jacques MONFRIN, Paris 1995].

Niketas Choniates: Die Kreuzfahrer erobern Konstantinopel. Die Regierungszeit der Kaiser Alexios Angelos, Isaak Angelos und Alexios Dukas, die Schicksale der Stadt nach der Einnahme sowie das «Buch von den Bildsäulen» (1195–1206), übers., eingeleitet und erklärt von Franz GRABLER (= Byzantinische Geschichtsschreiber 9), Graz, Wien und Köln 1958.

Odo von Deuil: De profectione Ludovici VII in orientem, hrsg. und übers. von Virginia G. BERRY, New York 1948.

Radulf von Caen: Gesta Tancredi in expeditione Hierosolymitana, in: Recueil des Historiens des Croisades. Historiens occidentaux III, Paris 1866, S. 587–716.

Raimund von Aguilers: Historia Francorum qui ceperunt Iherusalem, in: Recueil des Historiens des Croisades. Historiens occidentaux III, Paris 1866, S. 231–309. [engl. Übers.: John H. HILL und Lauritia L. HILL: Raymond d'Aguilers: Historia Francorum qui ceperunt Iherusalem, Philadelphia 1968].

Wilhelm von Tyrus: Chronicon – Guillaume de Tyr: Chronique, 2 Bde., hrsg. von Robert B. C. HUYGENS (= Corpus Christianorum Continuatio Mediaevalis 63 und 63A), Turnhout 1986 [engl. Übers.: William of Tyre: A History of Deeds done beyond the Sea, übers. von Emily A. BABCOCK und A. C. KEY (= Records of Civilization. Sources and Studies 35), New York 1943 (ND 1976)].

Weiterführende Literatur

Laila ATRACHE: Die Politik der Ayyubiden. Die fränkisch-islamischen Beziehungen in der ersten Hälfte des 7./13. Jahrhunderts unter besonderer Berücksichtigung des Feindbildes, Münster 1996.

Malcolm BARBER: The New Knighthood. A History of the Order of the Temple, Cambridge 1994.

Dieter BAUER, Klaus HERBERS und Nikolas JASPERT (Hrsg.): Jerusalem im Hoch- und Spätmittelalter. Konflikte und Konfliktbewältigung – Vorstellungen und Vergegenwärtigungen (= Campus Historische Studien 29), Frankfurt und New York 2001 [darin die oben zitierten Beiträge von Kaspar ELM und Marie-Luise FAVREAU-LILIE].

Claude CAHEN: La Syrie du Nord à l'époque des croisades et la principauté franque d'Antioche, Paris 1940.

Franco CARDINI: Europa und der Islam. Geschichte eines Mißverständnisses, München 2000.

Alain DEMURGER: Die Templer. Aufstieg und Untergang 1118–1314, München ^{3}1993.

Ekkehard EICKHOFF: Zur Wende von Mantzikert, in: Martin KINTZINGER, Wolfgang STÜRNER und Johannes ZAHLTEN (Hrsg.), Das Andere wahrnehmen. Beiträge zur europäischen Geschichte. August Nitschke zum 65. Geburtstag gewidmet, Köln, Weimar und Wien 1991, S. 101–118.

Nikita ELISSÉEFF: Nūr ad-Dīn. Un grand prince musulman de Syrie au temps des croisades (511–569 H./1118–1174), 3 Bde., Damaskus 1967.

Ronnie ELLENBLUM: Frankish Rural Settlement in the Latin Kingdom of Jerusalem, Cambridge 1998.

Martin ERBSTÖSSER: Die Kreuzzüge, Leipzig ^{2}1980.

Carl ERDMANN: Die Entstehung des Kreuzzugsgedankens (= Forschungen zur Kirchen- und Geistesgeschichte 6), Stuttgart 1935 (ND Darmstadt 1980).

Der Erste Kreuzzug 1096 und seine Folgen. Die Verfolgung von Juden im Rheinland, hrsg. von der Evangelischen Kirche im Rheinland, Düsseldorf 1996.

Marie-Luise FAVREAU: Studien zur Geschichte des Deutschen Ordens (= Kieler historische Studien 2), Stuttgart 1974.

Josef FLECKENSTEIN und Manfred HELLMANN (Hrsg.): Die geistlichen Ritterorden Europas (= Vorträge und Forschungen 26), Sigmaringen 1980.

Alan FOREY: The Military Orders. From the Twelfth to the Early Fourteenth Centuries, Toronto und Buffalo 1992.

John FRANCE: Victory in the East. A military history of the First Crusade, Cambridge 1995.

John France: Western warfare in the age of the Crusades. 1000–1300 (= Warfare and History), London 1999.

Geschichte der arabischen Welt, begr. von Ulrich Haarmann, hrsg. von Heinz Halm, München [4]2001.

Hans L. Gottschalk: Al-Malik al-Kāmil von Egypten und seine Zeit. Eine Studie zur Geschichte Vorderasiens und Egyptens in der ersten Hälfte des 7./13. Jahrhunderts, Wiesbaden 1958.

Ernst-Dieter Hehl: Was ist eigentlich ein Kreuzzug?, in: Historische Zeitschrift 259 (1994), S. 297–336.

Ernst-Dieter Hehl: Friede, Krieg und rechtmäßiges Töten. Die Tradittion des Mittelalters, in: Hans Wissmann (Hrsg.), Krieg und Religion, Würzburg 1994, S. 79–95.

Peter Herde: Die Kämpfe bei den Hörnern von Hittin und der Untergang des Kreuzritterheeres (3. und 4. Juli 1187), in: Römische Quartalschrift für christliche Altertumskunde und Kirchengeschichte 61 (1966), S. 1–50.

Rudolf Hiestand: «precipua tocius christianimi columpna». Barbarossa und der Kreuzzug, in: Friedrich Barbarossa. Handlungsspielräume und Wirkungsweisen des staufischen Kaisers, hrsg. von Alfred Haverkamp (= Vorträge und Forschungen 40), Sigmaringen 1992, S. 51–108.

Carole Hillenbrand: The Crusades. Islamic Perspectives (= Islamic surveys), Edinburgh 1999.

Peter M. Holt: The Age of the Crusades. The Near East from the Eleventh Century to 1517, London und New York 1986.

Norman Housley: Contesting the Crusades, Oxford 2006.

Nikolas Jaspert: Die Kreuzzüge (= Geschichte kompakt), Darmstadt 2003.

David E. P. Jackson: Some considerations relating to the history of the Muslims in the Crusader States, in: East and West in the Crusader States. Context – Contacts – Confrontations, hrsg. von Krijnie Ciggaar, Adelbert Davids und Herman Teule (= Orientalia Lovaniensia Analecta 75), Leuven 1996, S. 21–29.

Hartmut Jericke: Konradins Marsch von Rom zur Palentinischen Ebene im August 1268 und die Größe und Struktur seines Heeres, in: Römische Historische Mitteilungen 44 (2002), S. 151–192.

Andrew Jotischky: Crusading and the Crusader States, Harlow 2004.

Benjamin Z. Kedar, Hans Eberhard Mayer und Raymond C. Smail (Hrsg.): Outremer. Studies in the History of the Crusading Kingdom of Jerusalem. Presented to Joshua Prawer, Jerusalem 1982.

Benjamin Z. Kedar: The Subjected Muslims of the Frankish Levant, in: Muslims under Latin Rule, hrsg. von James M. Powell, Princeton 1990, S. 135–174.

Benjamin Z. Kedar (Hrsg.): The Horns of Ḥaṭṭīn, London 1992.

Michael A. Köhler: Allianzen und Verträge zwischen fränkischen und islamischen Herrschern im Vorderen Orient. Eine Studie über das zwischenstaatliche Zusammenleben vom 12. bis ins 13. Jahrhundert (= Studien zur Sprache, Geschichte und Kultur des islamischen Orients N.F. 12), Berlin und New York 1991.

Klaus KREISER und Christoph K. NEUMANN: Kleine Geschichte der Türkei, Stuttgart 2003.

Angeliki LAIOU (Hrsg.): Urbs capta: The Fourth Crusade and its consequences. La IVe croisade et ses conséquences (= Réalités byzantines 10), Paris 2005.

Ralph-Johannes LILIE: Byzanz und die Kreuzfahrerstaaten. Studien zur Politik des Byzantinischen Reiches gegenüber den Staaten der Kreuzfahrer in Syrien und Palästina (1096–1204), München 1981 [überarb. engl. Übers. Oxford 1993].

Ralph-Johannes LILIE: Byzanz. Das zweite Rom, Berlin 2003.

Malcolm C. LYONS und David E. P. JACKSON: Saladin. The politics of the Holy War (= University of Cambridge Oriental Publications 30), Cambridge 1982.

Amin MAALOUF: Der heilige Krieg der Barbaren. Die Kreuzzüge aus der Sicht der Araber, München ³2001.

Hans Eberhard MAYER: Bibliographie zur Geschichte der Kreuzzüge, Hannover 1960.

Hans Eberhard MAYER: Literaturbericht über die Geschichte der Kreuzzüge. Veröffentlichungen 1958–1967, in: Walther KIENAST (Hrsg.): Literaturbericht über Neuerscheinungen zur außerdeutschen Geschichte und zu den Kreuzzügen (= Historische Zeitschrift, Sonderheft 3), München 1969, S. 641 ff.

Hans Eberhard MAYER (Hrsg.): Die Kreuzfahrerstaaten als multikulturelle Gesellschaft (= Schriften des Historischen Kollegs, Kolloquium 37), München 1997.

Hans Eberhard MAYER: Geschichte der Kreuzzüge, Stuttgart ⁹2000.

Hannes MÖHRING: Saladin und der Dritte Kreuzzug. Aiyubidische Strategie und Diplomatie im Vergleich vornehmlich der arabischen mit den lateinischen Quellen (= Frankfurter Historische Abhandlungen 21), Wiesbaden 1980.

Hannes MÖHRING: Saladin. Der Sultan und seine Zeit 1138–1193 (= C. H. Beck Wissen), München 2005.

Alan V. MURRAY (Hrsg.): From Clermont to Jerusalem. The Crusades and Crusader Societies 1095–1500 (= International Medieval Research 3), Turnhout 1998 [mit Bibliographie zum Ersten Kreuzzug, S. 267–310].

Albrecht NOTH: Heiliger Krieg und Heiliger Kampf in Islam und Christentum. Beiträge zur Vorgeschichte und Geschichte der Kreuzzüge, Bonn 1966.

Joshua PRAWER: The History of the Jews in the Latin Kingdom of Jerusalem, Oxford 1988.

Donald M. QUELLER und Thomas F. MADDEN: The Fourth Crusade. The Conquest of Constantinople, Philadelphia ²1997.

Jonathan RILEY-SMITH: The Knights of St. John in Jerusalem and Cyprus c. 1050–1310, London 1967.

Jonathan RILEY-SMITH: Crusading as an Act of Love, in: Thomas F. MADDEN (Hrsg.): The Crusades. The Essential Readings, Oxford 2002, S. 31–50 [Antrittsvorlesung am Royal Holloway College, University of London, 10. Mai 1979].

Jonathan RILEY-SMITH: Wozu heilige Kriege? Anlässe und Motive der Kreuzzüge, Berlin 2003.

Steven RUNCIMAN: Geschichte der Kreuzzüge, 3 Bde., München 1957–1960 [Sonderausgabe in einem Band [1]1968 u. ö.].

Sylvia SCHEIN: Die Kreuzzüge als volkstümlich-messianische Bewegung, in: Deutsches Archiv 47 (1991), S. 119–138.

Kenneth M. SETTON (Hrsg.): A History of the Crusades, 6 Bde., Philadelphia und Madison 1955–1989.

Elizabeth SIBERRY: Criticism of Crusading 1095–1274, Oxford 1985.

Emmanuel SIVAN: L'Islam et la Croisade. Idéologie et Propagande dans les Réactions Musulmanes aux Croisades, Paris 1968.

Raymond C. SMAIL: Crusading Warfare (1097–1193) (= Cambridge Studies in Medieval Life and Thought N.S. 3), Cambridge 1956 (ND 1976).

Peter THORAU: Sultan Baibars I. von Ägypten. Ein Beitrag zur Geschichte des Vorderen Orients im 13. Jahrhundert (= Beihefte zum Tübinger Atlas des Vorderen Orients. Reihe B – Geisteswissenschaften, Nr. 63), Wiesbaden 1987 [überarb. engl. Übers.: The Lion of Egypt. Sultan Baybars I and the Near East in the Thirteenth Century, London und New York 1992, [2]1995].

Peter THORAU: Unterschiede und Gemeinsamkeiten in der Kriegführung zwischen Kreuzfahrern und Muslimen, in: Grenzkultur – Mischkultur?, hrsg. von Roland MARTI (= Veröffentlichungen der Kommission für Saarländische Landesgeschichte und Volksforschung 35), Saarbrücken 2000, S. 167–187.

Christopher TYERMAN: God's War. A New History of the Crusades, Cambridge/Mass. 2006.

Zeittafel

634–640	Eroberung der byzantinischen Provinzen in Syrien und Palästina durch die Araber
636–641	Eroberung des Sasanidenreiches in Persien
639–642	Eroberung des byzantinischen Ägyptens durch die Araber
ab 647	weitere Vorstöße der Araber nach Nordafrika
656–661	ʿAlī (Schwiegersohn Mohammeds) Kalif
661–680	Muʿāwiya Kalif
661–750	Kalifat der Omayyaden mit Residenz in Damaskus
674–678	erste Belagerung Konstantinopels durch die Araber
ab 711	Eroberung Spaniens durch die Muslime
717	zweite Belagerung Konstantinopels durch die Araber
732	Niederlage der Araber bei Tours und Poitiers gegen Karl Martell
750–1250	Kalifat der Abbasiden mit Residenz in Bagdad (gegründet 762)
782	dritter Versuch der Araber, Konstantinopel zu erobern
833–842	al-Muʿtaṣim Kalif; Schaffung eines Söldnerheeres
868–905	Herrschaft der Ṭūlūniden in Ägypten
939–969	Herrschaft der Ihšīdiden in Ägypten
945–976	byzantinische Rückeroberungen in Syrien durch die Kaiser Konstantin VII. Porphyrogennetos, Nikephoros II. Phokas und Johannes Tzimiskes
ca. 970	Übertritt des Oğuzenhäuptlings Selçük und seiner Familie zum Islam
969–1171	schiitisches Konkurrenzkalifat der Fatimiden in Ägypten
ab ca. 1000	Vordringen der türkischen Seldschuken nach Westen
1055	Selçüks Neffe Toğrul Beg zieht in Bagdad ein
1071	Niederlage der Byzantiner bei Manzikert gegen den Seldschukensultan Alp Arslān
März 1095	byzantinisches Hilfeersuchen beim Konzil von Piacenza
Nov. 1095	Konzil von Clermont; Kreuzzugsaufruf Papst Urbans II. am 27. November
ab Febr. 1096	Kreuzzugspredigt Peters des Einsiedlers in Nordfrankreich, Lothringen und im Rheinland

April 1096	Aufbruch der ersten Scharen des sog. «Volkskreuzzuges»
Sept.–Okt. 1096	Kämpfe der Anhänger Peters des Einsiedlers in Kleinasien und Vernichtung seiner Truppen durch die Seldschuken
ab Aug. 1096	Aufbruch der einzelnen Kontingente des Ritterheeres, das sich in Konstantinopel sammelt
April/Mai 1097	Beginn des Zuges der Kreuzfahrer durch Kleinasien
Mai/Juni 1097	Belagerung Nikaias
1. Juli 1097	Schlacht bei Dorylaion
ab 21. Okt. 1097	Belagerung Antiochias
März 1098	Errichtung der Grafschaft Edessa durch Balduin von Boulogne
3. Juni 1098	Eroberung Antiochias; Errichtung des Fürstentums Antiochia durch Bohemund von Tarent
7. Juni 1099	die Kreuzfahrer erreichen Jerusalem; Belagerung der Stadt
15. Juli 1099	Erstürmung Jerusalems
Juli 1099	Gottfried von Bouillon *advocatus sancti sepulchri*
25. Dez. 1100	Krönung Balduins von Boulogne zum ersten König von Jerusalem
Juli 1109	Errichtung der Grafschaft Tripolis
1120	Gründung des Templerordens
24. Dez. 1144	Eroberung Edessas durch Zangī
1146–1174	Nūr ad-Dīn eint Syrien
1147–1149	Zweiter Kreuzzug
1163–1169	Intervention König Amalrichs von Jerusalem in Ägypten
1171–1193	Saladin eint Ägypten und Syrien
4. Juli 1187	Schlacht von Ḥaṭṭīn
1188–1192	Dritter Kreuzzug
1202–1204	Vierter Kreuzzug
12.–15. April 1204	die Kreuzfahrer erobern und plündern Konstantinopel
ab Mai 1218	Belagerung von Damiette
Nov. 1219	Eroberung von Damiette
30. August 1221	Niederlage der Kreuzfahrer bei al-Manṣūra im Nildelta
1228/1229	Kreuzzug Kaiser Friedrichs II.; vertragliche Einigung mit Sultan al-Kāmil
18. März 1229	Friedrich II. setzt sich in der Grabeskirche die Krone der Könige von Jerusalem aufs Haupt
1249–1250	Kreuzzug König Ludwigs IX. «des Heiligen» von Frankreich nach Ägypten
1250–1517	Sultanat der Mamluken in Kairo
1258	Eroberung Bagdads durch die Mongolen

3. Sept. 1260	Sieg der Mamluken über die Mongolen bei ʿAin Ǧālūt
1260–1277	Sultan Baybars begründet den mamlukischen Staat
1260–1291	die Mamluken verdrängen schrittweise die Kreuzfahrer aus Syrien und Palästina
18. Mai 1268	Eroberung Antiochias durch Sultan Baybars
18. Mai 1291	die Eroberung Akkons durch Sultan al-Malik al-Ašraf Ḫalīl beendet die Herrschaft der Kreuzfahrer

Abbildungsnachweis

Abb. 1: Mamlukisches Reiterhandbuch des 14. Jh. – Bibliothèque Nationale, Paris, Ms. français 2829, fol. 41v; aus: Terry Jones und Alan Ereira: Die Kreuzzüge. Aus dem Englischen von Christiane Jung, München 1995, S. 236

Abb. 2: Englische Handschrift, 1. Viertel des 14. Jh. – British Library, London, Ms. Royal 19 B XV, fol. 37

Abb. 3: Westminster Abbey Psalter, 13. Jh. – British Library, London

Abb. 4: Collectar aus St. Bertin (?), um 1170/80 – Koninklijke Bibliotheek, Den Haag, Ms. 76 F5, fol. 1r

Abb. 5: Das spanische Schachzabelbuch König Alfons des Weisen, 1283 (Libro de açedrex, daros e tablas) – Biblioteca del Real Monasterio de San Lorenzo de El Escorial, Madrid, Ms. j–T–6, fol. 64r, © Patrimonio nacional

Abb. 6: Chronik Gottfrieds von Bouillon, 14. Jh. – Bibliothèque Nationale, Paris, Ms. français 22495, fol. 105

Abb. 7: Handschrift des 13. Jahrhunderts – Bibliothèque municipale, Boulogne-sur-Mer, Ms. 142

Karten auf den Umschlaginnenseiten und auf S. 20 gezeichnet von Raimund Zimmermann, Saarbrücken

Personenregister

Adhémar von Le Puy, Bf., päpstl. Legat 27, 59, 66f.
al-ʿĀḍid, fatimid. Kalif 91
al-ʿĀdil I., ägypt. Sultan, Bruder Saladins 97f., 100
al-ʿĀdil II., ägypt. Sultan 103
al-Afḍal, fatimid. Wesir 75, 77
al-Ašraf, Sohn Saladins 97
al-Ašraf Ḫalīl, Mamlukensultan 110
Albert von Aachen, Chronist 67, 72
Alexios I. Komnenos, byzantin. Kaiser 23, 25, 47f., 50–54, 56f.
al-Ḥākim, fatimid. Kalif 21
ʿAlī, Vetter und Schwiegersohn Mohammeds, 4. Kalif 13
al-Kāmil, ägypt. Sultan 97, 101ff.
al-Muʿaẓẓam, Sohn Saladins 97, 102
al-Mustanṣir, fatimid. Kalif 74
al-Muʿtaṣim, abbasid. Kalif 17f.
Alp Arslān, Seldschukensultan 22f.
al-Qāʾim, abbasid. Kalif 22
Amalrich, Kg. von Jerusalem 91
Andreas II., Kg. von Ungarn 100
Anna Komnena, byzantin. Prinzessin, Chronistin 52, 54, 58
an-Nāṣir Dāʾūd, Fürst von al-Karak 104
an-Nāṣir Yūsuf, Sultan von Damaskus 107
aṣ-Ṣāliḥ Ayyūb, ägypt. Sultan 103ff.
aṣ-Ṣāliḥ Ismāʿīl, Fürst von Damaskus 104
as-Sulamī, muslim. Gelehrter 75f.
Augustinus, Kirchenvater 29f., 34, 36
Ayyūb, Vater Saladins 91

Bahāʾ ad-Dīn, Chronist 93
Balderich von Dol, Bf., Chronist 43
Balduin I., [von Flandern], lateinischer Kaiser von Konstantinopel 99
Balduin I., [von Boulogne], Kg. von Jerusalem, Gf. von Edessa 52f., 61f., 78ff., 86
Balduin II., [von Bourcq], Kg. von Jerusalem, Gf. von Edessa 52, 61, 78, 85
Balduin III., Kg. von Jerusalem 89f.
Basileios II., byzantin. Kaiser 63
Baybars, Mamlukensultan 108ff., 112
Berkyārūq, Seldschukensultan 74f.
Bernhard, Abt von Clairvaux 88f.
Bertrand, Graf von Tripolis 54, 77f.
Bohemund [von Tarent], Fürst von Antiochia 53f., 58f., 65, 67, 77

Clemens III., Gegenpapst (1084–1100) 25f., 45
Clemens III., Papst 95

Daimbert von Pisa, Patriarch von Jerusalem 78
Duqāq, Emir von Damaskus 64, 66

Egeria, spanische Pilgerin 36
Ekkehard von Aura, Chronist 47
Emicho von Leiningen 47
Eudokia, oström. Kaiserin 36
Eugen III., Papst 88f.

Faḫr al-Mulk, Fürst der Banū ʿAmmār 77
Fatima, Tochter Mohammeds 74
Flavius Josephus 73
Friedrich I. Barbarossa, röm.-dt. Kaiser 95f.
Friedrich II., röm.-dt. Kaiser 100, 102ff.
Fulcher von Chartres, Chronist 41, 58f., 72
Fulk, Kg. von Jerusalem 90

Ǧawlī Ṣaqāwuhs 85
Gottfried von Bouillon, *advocatus sancti sepulchri* 9, 48, 52f., 58, 67, 69, 76ff.
Gregor VII., Papst 34f.
Gregor VIII., Papst 95
Guibert von Nogent, Chronist 45–48

Guido von Lusignan, Kg. von Jerusalem 93, 96
Guynemer von Boulogne, Pirat 62

Harūn ar-Rašīd, abbasid. Kalif 37
Heinrich IV., röm.-dt. Kaiser 25, 48, 52
Heinrich III., Kg. von England 104
Helena, röm. Kaiserin 35
Herakleios, byzantin. Kaiser 12
Hugo von Payens, Gründer des Templerordens 88
Hugo, Gf. von Vermandois 50, 52 f.

Ibn al-Aṯīr, arab. Geschichtsschreiber 72, 93
Ibn al-Ḫayyāt, muslim. Gelehrter 75
Ibn al-Qalānisī, Chronist 70, 72
Iftiḫār ad-Daula, Gouverneur von Jerusalem 70
ʿImād ad-Dīn al-Iṣfahānī, Sekretär Saladins, Chronist 94
Innozenz III., Papst 98, 100
Isaak II. Angelos, byzantin. Kaiser 95
Isabella II. von Brienne, Kgin. von Jerusalem 103

Johannes VIII., Papst 31
Johannes Tzimiskes, byzantin. Kaiser 19
Justinian, oström. Kaiser 31, 63

Kaikāʾūs, Sultan der Rumseldschuken 101
Karbuġā, Atabeg von Mosul 66
Karl der Große, fränk. Kaiser 32, 36
Karl Martell, fränk. Hausmeier 32
Kılıç Arslān I., Seldschukensultan 48, 57 f., 60
Kitbuġā, mongol. Feldherr 108
Koloman, Kg. von Ungarn 52
Konrad III., röm.-dt. Kg. 88 f.
Konstantin I. der Große, röm. Kaiser 35 f.
Konstantin VII. Porphyrogennetos, byzantin. Kaiser 19

Leo IV., Papst 31
Leopold VI., Hzg. von Österreich 100
Ludwig IX., «der Heilige», Kg. von Frankreich 105 ff.
Ludwig VII., Kg. von Frankreich 88 f.

Malikšāh, Seldschukensultan 22, 63 f., 74
Mohammed, Prophet 12 f., 74
Muḥammad Ṭapar, Sohn Malikšāhs 74 f.
Muʿāwiya, Omayyadenkalif 13 f.

Nikephoros II. Phokas, byzantin. Kaiser 19
Niẓām al-Mulk, seldschukischer Wesir 74 f.
Nūr ad-Dīn, Sohn Zangīs 76, 90 ff.

Peter von Amiens, gen. Peter der Einsiedler 45–49, 57, 69
Philaretos, byzantin. Gouverneur von Antiochia 63
Philipp I., Kg. von Frankreich 26, 50
Philipp II. August, Kg. von Frankreich 96

Qalāwūn, Mamlukensultan 110
Quṭuz, mamlukischer Offizier und Sultan 108

Radulf von Caen, Chronist 58
Raimund von Aguilers, Chronist 54, 65, 70
Raimund, Fürst von Antiochia 89
Raimund, Gf. von Toulouse 9, 27, 54, 58, 64, 67, 70, 76 f.
Reinald von Châtillon, Herr von al-Karak 92
Richard Filangieri 102
Richard I. Löwenherz, Kg. von England 96 ff.
Richard, Gf. von Cornwall 104
Riḍwān, Emir von Aleppo 64 f., 85
Robert, Patriarch von Jerusalem 105
Robert I., Hzg. von der Normandie 37
Robert II., Hzg. von der Normandie 77
Robert Guiskard, Hzg. 53
Robert, Gf. von Flandern 67, 77
Roman von Le Puy, Herr von Montreal 80
Romanos IV. Diogenes, byzantin. Kaiser 23

Šaǧar ad-Durr, Sultanin von Ägypten 106

Saladin [Ṣalāḥ ad-Dīn Yūsuf ibn Ayyūb], Sultan 76, 91–98, 100f., 107, 109, 112f.
Šāwar, fatimid. Wesir 91
Selçük, Oğuzenhäuptling 21
Šīrkūh, kurdischer Offizier Nūr ad-Dīns 91
Stephan, Gf. von Blois 57f.

Tankred, Neffe Bohemunds von Tarent 10, 53, 61f., 69, 78, 85
Ṭāriq ibn Ziyād, arab. Feldherr 31
Tatikios, byzantin. General 58f.
Theobald, Gf. von der Champagne und Kg. von Navarra 103f.
Thoros, Fürst von Edessa 62
Toğrul Beg Mohammad, Neffe Selçüks 21f.
Ṭuġtagīn, Atabeg von Damaskus 85
Tūrānšāh, Sohn aṣ-Ṣāliḥ Ayyūbs, ägypt. Sultan 105ff.
Tutuš, seldschuk. Fürst von Damaskus 64, 75

Urban II., Papst 25–28, 33, 39, 41, 43ff., 53, 73
Urban III., Papst 95
Usāma ibn Munqiḏ, Emir von Šaizar, arab. Memoirenschreiber 87
ʿUṯmān, dritter Kalif 13

Walter ohne Habe, ein Anführer des Volkskreuzzugs 46, 48
Wilhelm II., Kg. von Sizilien 95

Yaġī Siyān, Emir, Gouverneur von Antiochia 63

Zangī, [ʿImād ad-Dīn Zangī] 76, 87, 89ff.

Ortsregister

Ager Sanguinis 85
Aǧnādain 12
Ägypten 12, 14, 17, 31, 52, 69, 79, 91f., 97–103, 105, 107ff.
Aigues-Mortes 105
ʿAin Ǧālūt 108
Akaba [*Aila, Elyn*] 79f., 98
Akkon 68, 78–81, 96, 102ff., 110f.
al-Bāra 67
Aleppo 12, 19, 75, 85, 87, 89, 107f.
Alexandretta [İskenderun] 62
Alexandria 40, 72, 100, 105
al-Karak, Festung 80, 92, 98, 104f., 108
al-Manṣūra 101, 105f.
al-Marqab, Johanniterfestung 95
Amanos-Pforte, Paßstraße über den Antitaurus 61
Anatolien 11, 19, 23, 25, 56, 58, 60, 74, 78, 89, 95, 99, 101
Antiochia [Antakya] 12, 19, 57, 61–69, 74, 77, 81, 85, 89, 94, 109f.
Antitaurus 61
Aralsee 21
Armenien 22, 57
ar-Ramla 68, 76f.
Arsūf 68, 78, 109
Aserbaidschan 22
Askalon 70, 96, 104
Askanischer See [İznik Gölü] 56f.
aš-Šaubak, Festung [= Le Krak de Montreal] 79, 98, 108

Bagdad 15, 17, 22, 37, 40, 64, 68, 74f., 91f., 100, 107, 113
Bari 50
Beaufort, Festung 104, 109
Beirut 68, 78, 80, 105, 110
Belgrad 47
Bethlehem 36, 76, 78, 102
Bosporus 25, 48, 53f., 98
Byzanz 11, 19, 22ff., 52f.

Cäsaräa 12, 68, 78, 109
Chastel Pélerin, Templerfestung 110
Civetot [byzantin. Kibotos] 48f.
Clermont 25, 27, 35, 39, 41–44, 52, 54, 74f., 88
Córdoba 17, 40

Dalmatien 98
Damaskus 12ff., 19, 40, 65, 68, 75, 79, 85, 89f., 97, 101, 104, 107f., 113
Damiette 101, 105, 107
Dorylaion 56, 58
Dyrrhachion [Durrës] 50

Edessa [Urfa] 19, 62, 64, 78, 81, 85, 87f.
England 44, 103
Eskişehir 56
Euphrat 62, 107

Frankreich 25f., 33, 39, 44, 54, 103

Galiläa 78
Gaza 80, 96, 103ff.
Ǧazīra 97, 107
Genua 40, 69, 78
Georgien 22
Germanikeia [Maraş] 61f.
Gibraltar [*Ǧabal Ṭāriq*] 31
Golgotha 36

Haifa 110
Hamadan 22
Ḥamāh 12, 67f., 92, 108
Ḥarrān 85
Ḥaṭṭīn 93, 95, 104
Hebron 76, 79
Heiliges Land 35f., 88, 93, 104, 111, 113
Herakleia [Ereğli] 60
Ḥiǧāz 79
Ḥimṣ 12, 68, 104, 108
Ḫorāsān 17, 21

Iberische Halbinsel 17, 31, 33
Irak 14f., 22, 91
Iran 11, 17, 22, 75, 107
Isfahan 22, 74f.
Italien 39, 50, 53

Jaffa 69, 76, 109
Jerusalem 10ff., 14, 21, 24, 28, 35ff., 41ff., 45, 57, 66–70, 72–78, 80–83, 86, 88f., 92–95, 97, 101–105
Jordan 76, 79f., 98, 101
Jordanien 79, 86

Kairo 17, 40, 68, 74f., 77, 89, 91, 100f., 104, 108, 113
Kaisareia [Kayseri] 61
Kappadokien 56
Kaspisches Meer 18
Kilikien 56, 61f., 95, 109
Kilikische Pforte, Paßstraße über den Taurus 60
Kleinarmenien 109
Kleinasien 25, 48, 51, 53, 99
Konstantinopel 11, 23f., 36, 40, 46–50, 53f., 56, 61, 95, 98f.
Konya 23
Krak des Chevaliers, Festung 80, 95

Latakia 77
Lothringen 45f.
Lydda 76, 102

Maʿarrat an-Nuʿmān 67
Mamistra [Misis] 62
Manzikert [Malazgirt] 23, 52
Marmarameer 56
Medina 68
Mekka 68
Melitene [Malatya] 19, 57
Mesopotamien 19, 63, 92
Montreal, Festung [= aš-Šaubak] 79f.
Mosul 66, 85, 87

Naher Osten 22, 31, 62, 108
Nazareth 102
Negev 79
Niederlothringen 48, 52
Nikaia [İznik] 23, 48, 56ff., 99
Nikomedeia [İzmit] 48, 56
Nil 74, 91, 99, 101, 107
Nisibis [Nusaybin] 19
Normandie 31, 37

Ölberg 69
Orient 18, 25–28, 39f., 45, 50, 52f., 77, 96
Orontes 60
Outremer 105, 107, 110f.

Palästina 11f., 35f., 56, 60, 64, 68, 75, 77, 79f., 84, 89, 97, 101, 111
Petra 79
Piacenza 25, 50
Pisa 40, 78, 100
Prag 40, 47

Qādisīya 11

Rafanīya 67
Ravendel [ar-Rāwandān] 62
Regensburg 40, 47, 95
Rhône 32, 40
Rom 24, 32, 37
Romania 23
Rotes Meer 79, 99

Ṣafad 104, 109
Saffūriyya 93
Šaizar 67, 87
Saleph [antik Kalykadnos, heute Göksu] 95
Samaria 69
Santiago de Compostela 37
See Genezareth 80, 93
Seleukeia [Silifke] 95
Semlin 46
Sidon 78, 102, 110
Sizilien 11, 32, 76, 95
Spanien 11, 17, 32f., 40, 76
Syrien 11–14, 17, 19, 22, 36, 56, 60, 63f., 75, 76, 79f., 90ff., 97, 101, 107–111

Takrīt 91
Tall Bāšir 62, 85
Tarsus 62
Taurus, Gebirge 60f.
Terre Oultre Le Jourdain 79
Tiberias 92f., 104
Tigris 91
Toron 102
Tortosa, Stadt und Templerfestung 94, 110
Totes Meer 80
Tours und Poitiers (Schlacht) 32
Transjordanien 80, 86
Transoxanien 21
Trier 47
Tripolis 68, 77, 94f., 109
Troyes 88
Turbessel siehe Tall Bāšir
Tyrus 75, 80f., 110

Ungarn 31, 46f., 52f., 100

Van-See 23
Venedig 40, 78, 98ff.
Vorderer Orient 11, 16f., 21, 68, 74, 78, 85, 100, 107, 112f.

Wādī ʿAraba 79f.
Wādī Mūsā 79

Xeres de la Frontera 31

Yarmūq 12
Yenīkent 21

Zara [Zadar] 98
Zypern 19, 96, 105